U0550987

人生的真義

日本經營之聖

稻盛和夫魂動108

稻盛和夫
口述
稻盛資料館
構成
蔡昭儀
譯

目次

第2章　原理原則

第3章 思考方式

第4章 成功與失敗

第5章 磨練心志

前言

我自一九五九年創立京瓷公司，從事陶瓷材料零件生產，隨後又涉足通信事業KDDI，以及日本航空公司（JAL，簡稱日航）的經營管理，帶領三家公司成長、發展至今。

過去，承蒙多家出版社邀約，對方希望我能將生活、工作以及思考態度等管理基礎與社會大眾分享，因而多次得到出版拙作的機會。我在著作中自問：「何謂為人的正道？」一我認真面對人生，並在著作中逐一描述經營心得與實踐方法。感謝許多經營者以及公司主管等讀者的認同，他們也表示深受書中內容啟發。

前年，我受寶島社委託，濃縮多年來著作中的精華，以便向更多讀者，特別是對年輕讀者推廣我的理念。

由於現在日本的年輕人在所謂「失落的二十年」、封閉的環境下成長，不僅對自己，也對日本的未來感到不安，導致年輕族群的自殺案例或尼特族有增加的趨勢。

為此，我接受出版社邀約，分享我的經驗、人生以及工作上的體會，希望能夠為迷失的年輕人提供一些助力。

為了能讓年輕朋友更心領神會這些人生體悟，我在書中分享親身經歷，同時穿插未曾公開的照片，以淺顯易懂的方式解說我曾發表過的談話——我想，以全新視角來切入討論，也能讓我的思想更具實用性。

我回顧自己的人生，曾經歷的是一連串的挫敗：中學聯考失利又染上肺結核；戰時遇到空襲，房子被燒毀，一家人幾乎是山窮水盡；大學沒考上志願校，好不容易找到工作，公司又迅即面臨破產命運。

儘管度過挫折連連的青春時光，我仍對人生懷抱希望，憑著一股絕不輸給任何人的衝勁，不斷努力，終於開創了我自己的道路。

我衷心希望此書能指引肩負未來的年輕朋友實現更美好的人生。

稻盛和夫

第1章

生活態度

真正的人生

把考驗當作「機會」才是有能力的人，這種人才能在有限的人生中活出自己。

——《生存之道》

豐富人生的生活態度

人為何而生？人生有目的嗎？

相信大家在每天的工作和生活中，總會停下腳步來思考這個問題。比如，工作太忙，感覺就要迷失自己的時候；遭遇困難，真想乾脆放棄一切的時候；我們總是不自覺地選擇最輕鬆的路。人都是貪圖安逸，如果沒有規範，人就會放肆地追求名利地位，沉溺在快樂之中。

若說名利與地位是生存的能量也無可厚非，但這不過僅止於現世，畢竟每個人都生不帶來、死不帶去任何事物。

這當中唯一不滅的是什麼？稻盛說是「靈魂」。

對於「人為何而生？」這個問題，稻盛的回答是：「為了成為比出生時更好一點的人。」「為了帶著更美好且高尚的靈魂死去。」

人在生命中經歷的痛苦遠多於美好，所以我們要把這些痛苦當作是磨練靈魂的考驗。

什麼是正道？在未來混沌不明的現代社會中，首先應該要思考的就是「生活態度」。面對「人為何而生？」這個最根本的問題，「哲學」就是我們在混沌時代中得以生存的必要指標。因此，把現世的勞苦當作考驗，便是磨練自我靈魂的最佳「機會」。我們每天都要思考人生的意義、目的，據此孜孜不倦地鍛鍊自己——這正是活出更豐富人生的「生活態度」。

稻盛在京瓷草創之初的第一個客戶是松下電子工業（現為Panasonic）。當時，因電視機用的鎂橄欖石陶瓷製品需求高漲，京瓷接到大量的訂單。甫創業的京瓷無論機械設備或人力都很有限，但全體員工團結一致，連夜趕工，極力步上量產機制的軌道。稻盛也曾在其著作《稻盛和夫工作法》中回憶道：

搭機途中，專心閱讀原稿的稻盛。

「託松下電子的福，京瓷的起步才會這麼順利。」其實松下集團對價格、品質、交貨等方面都有非常嚴格的要求。

不過，稻盛認為這些辛苦、困難都是「考驗」，更感謝對方「賜予磨練的機會」。對方嚴格的要求恰好是給自己剛成立的公司一個鍛鍊鑽研的機會。他也一直保持「虛心接受考驗」的態度，不曾改變。

這些經驗在公司日後接到美國西岸半導體產業的訂單、向海外發展時，也發揮了很大的功效。比起美國其他同業，京瓷的產品在品質和價格上都更有優勢。

面對艱難時，如果只是抱怨而不付出努力，你將不會有任何進步成長。另一方面，你的人生與工作成果也反映了你的生活態度，因此我們必須「將眼前社會當成提升心志、磨練靈魂的修行道場」。

生活態度

002

「超認真」的生活

每一天都必須過得「超認真」。

——《生存之道》

「超認真」才是人生好轉的祕訣

工作是一種修行，前面也說到這是對心志的磨練。更重要的是，工作是每天成果的累積。人不可能一朝一夕成就事業，所以認真地過每一天便格外重要。

一九五五年，稻盛經由大學恩師的介紹，在畢業後進入製造絕緣礙子的松風工業工作。這家公司是松風嘉定於一九〇六年創立，歷史悠久，為日本首度製造高壓礙子的廠商，業績還曾經一度超越日本礙子公司（NGK Insulators, Ltd.）。

不過，稻盛入社時，公司已陷入營運困境，拖欠薪水是家常便飯，甚至隨時可能宣布破產。

稻盛於松風工業工作時期，在宿舍臥室。

與稻盛同時期入社的同事都對公司有諸多抱怨，他們紛紛帶著不滿離職，最後只剩下稻盛與另外一人。他們倆也感覺到公司已經沒有未來，於是一起報考自衛隊的儲備幹部學校，也順利考取。由於入學需要繳交戶籍謄本，他委託鹿兒島的家人寄來，卻始終不見戶籍謄本的蹤影。最後，同期的新進社員只剩稻盛一人還留在公司。

這時兄長寄來一紙家書，信中寫道：「家人辛辛苦苦栽培你到大學畢業，你又承蒙恩師推薦，好不容易工作有了著落，但你卻連半年都撐不了，未免令人汗顏。」稻盛自知再無退路，索性「不再三心二意」。畢竟，抱怨是沒有用的，除非找到名正言順的辭職理由。若是帶著莫名的不滿離開，今後的人生也肯定不會順遂，不如積極向前、埋頭努力。他將鍋盆器具帶進公司的研究室做實驗，每天從清晨工作到深夜。

而這正是稻盛的人生轉機。由於稻盛每天心無旁鶩地埋頭眼前的工作，這才使他改變原來的社會新鮮人心態，真正面對「工作」。

因為態度正確了，稻盛對工作也越來越得心應手，漸漸有了好的成果。再加上得到上司及同事的肯定，他對工作也越來越有興趣。工作有趣，人就會更努力，也就能得到更好的結果。

漸漸地，過去那些「想辭掉工作……」「自己的人生到底該怎麼辦？」的負面情緒和迷惘竟然都消失了。

當你對未來不安或對現狀感到不滿時，不要只是擔憂，應該要「超認真」地面對每一天。

「超認真」地工作或學習，才能扭轉人生——這點稻盛已經親身經歷過。重點是，光是「認真」還不夠，必須「超級」認真，決心不浪費僅有一次的人生。

我們要堅持這樣耿直的生活態度，才能贏得改變自己人生的機會。

看清原因和結果

所有遭遇都是自己播下的種子。

——《生存之道》

只要有心，命運也可以改變

佛家說「因果報應」，說明一件事的原因和結果是緊密相關的。換句話說，世上發生的一切都有原因。

稻盛在前半生經歷過中學考試落榜，隔年再挑戰仍然失敗，之後僅勉強考上。到了考大學時，也沒能考上志願校。畢業後就業到處碰壁，最後還是靠恩師推薦，才進入面臨倒閉的公司。他在就讀國民學校高等科時，甚至罹患過肺結核。

稻盛的叔叔就是因結核病而早逝。

年幼的稻盛因為害怕被傳染，每當經過叔叔療養時住的房門前，總捏著鼻子快跑過去。他從醫學書籍讀到結核菌是藉由空氣傳染，所以知道要捏著鼻子，但是往往還沒通過，他就已經憋不住氣而鬆開手，反而變成深呼吸，結果就被傳染了。

不過，稻盛的兄長認為怎麼可能那麼簡單就被感染，完全不以為意，負責照顧叔叔的父親也一樣，誰都沒想到最小心翼翼的稻盛竟會得肺結核。

對這次的經驗，稻盛也有所反省。

他認為應該是自己太介意生病，總是抱持著想逃避的懦弱心態，才招來厄運。反觀父親不顧自己也可能被傳染結核，全心全意照顧弟弟，他充滿大愛的高尚胸襟，讓他不曾受到結核菌威脅。

人生有起有落，無論起或落、幸或不幸，一切都取決於自己的心態。

先前也曾經說到，當稻盛發現恩師介紹的公司竟然瀕臨倒閉時，他待不滿半年就想要辭職。但是，當他心態一轉，認真努力地度過每一天後，竟因此扭轉挫折連連的人生。

會議中確認資料的稻盛。

他的經驗告訴我們，人的命運並不是早就註定好的，自己的意志才是決定好與壞的關鍵。

只要我們意志堅定，就能改變命運，創造人生。

中國古籍《孟子．盡心上》寫道：「殀壽不貳，修身以俟之，所以立命也。」意思是：「無論短命或長壽都不改變自身態度，而是修養自己來等待任務，這就是將命運轉化為使命的方法。」同一篇也寫道：「存其心，養其性，所以事天也。」告訴我們「磨練心志即為天命」。

一個念頭就能改變命運，這就是孟子所說的「立命」。幸運或不幸，全憑自己的心態而決定。一個人心靈的態度，可以完全改變他的人生。

生活態度

004

無限大的可能性

人的能力是無限的。

——《生存之道》

不輕易放棄

當我們面對無法克服的困難或課題時，是不是只說一句「沒辦法」、在嘗試前就先放棄了？

假設在工作場合遇到自身能力無法勝任的請託，便認為「因為我們無法滿足客戶要求，只好婉拒」，這種心態是否正確呢？

這或許是冷靜評估自己的能力，但是這樣的思維只會阻礙我們成長。說難聽一點，就是因為太滿足於現狀，才會說出這樣的話。

一九六六年京瓷（當時名為京都陶瓷）在與代表德國陶瓷工業的羅森泰（Rosenthal）和德固賽（Degussa AG）競爭中勝出，獲得ＩＢＭ兩千五百萬個ＩＣ用氧化鋁基板的訂單。全體員工才開心沒多久，就馬上面臨ＩＢＭ難以

2014年，接受採訪的稻盛。

置信的嚴格要求，被退回的試作品不計其數。在規格書通常只有一張圖表的時代，ＩＢＭ的規格書就像一本書那麼厚，書中內容更是鉅細靡遺。以當時京瓷的技術而言，真的不敢肯定是否足以應付ＩＢＭ的要求。稻盛自己也曾經幾度懷疑，公司技術可能不足以完成任務。

當時的京瓷還只是一個默默無名的中小企業，對京瓷而言，這是個千載難逢的好機會。想到這個難關正是提升公司技術、揚名立萬的好機會，稻盛向員工精神喊話，要大家務必傾全力投入，努力以自己的技術完成任務。取得訂單的隔月，稻盛便以社長的身分搬進滋賀工廠宿舍，日以繼夜地投入作業。無奈事與願違，即使京瓷已盡力依照規格製作產品，仍屢次被對方判定為不良品而退回。

經過一連串筆墨難以形容的努力之後，京瓷終於成功開發出符合ＩＢＭ要求的高標準產品，順利趕上交貨期限，完成這筆數量龐大的訂單。

即使自認是不可能達成的遠大目標，但只要相信「人的能力無限」，心中抱持著義無反顧的熱情，並堅持努力、勇往直前，人就可以激發出更多能力。

相信潛力

以未來進行式思考，相信將來的自己做得到。要相信自己還有未發揮的實力。

——《生存之道》

人有能力實現思考的事

前面提到京瓷完成原本大家都不看好的ＩＢＭ訂單，使業績大幅提升。京瓷自創業初期就積極接受其他公司因「無法達成」而拒絕的工作（而且是在京瓷還沒有優良技術的情況下）。這也是因為新興中小企業只能這樣求生存。

我們在每天的工作中，也可能會遇到客戶無理或難以達成的要求。這時如果說出「沒辦法」，則事情就到此為止，也同時宣告與對方的關係結束。拒絕很簡單，但若不斷推託規避，就會給人無能的印象，公司若盡是這樣的員工，想必也很難經營下去。

若是勇敢回應「辦得到」，就必須做出成果，否則就不會再有新的機會。我們必須要想辦法將「辦得到」這個謊言變成真實。為一件「辦不到的工作」

徹底努力直到完成是很重要的。不能應付了事，一定要徹底「落實」。

人的能力不會永遠保持一樣，做得越多，能力就越強。所以我們不能以現狀來衡量自己的能力，必須要用「未來進行式」來思考。所謂「以未來進行式思考自己的能力」是指，由於人的未來潛能是可以被激發的，因此我們應該把目標當成未來必達的一個點，並不惜投注過於常人的努力。而這樣的生活態度，就是達成遠大目標的祕訣。

法國史前考古學家和人類學家安德烈．勒魯伊—古朗（André Leroi-Gourhan）的最著名研究，是探索人類在演化的歷史過程中，如何因語言和技術等文化而產生智性。這位人類學專家留給世人的一句話是：「人類天生就有實現思考的能力。」

人的能力有無限發展可能。只要堅持理想、努力不懈，任何事都可以實現，因此絕對不要將「沒辦法」掛在嘴上，甚至連想都不能想。面對艱難的課

1959年，稻盛與京瓷的創業夥伴。

題時，必須相信自己的能力是無限的。

雖然很多時候我們已經用盡全力，卻仍然無法達到預期結果。但回頭想想其實這也很正常，因為我們積極接下的是別人極力迴避的難題。當你覺得「已經不行了」的時候，這不該是放棄的終點，而是再出發的起點。

不要自我設限，要有堅持探究與挑戰的勇氣。這就是將危機變轉機的方法。

生活態度

006

把「今天」過得淋漓盡致

人生就是每個「今天」的累積，除了「當下」的連續再無其他。

——《生存之道》

重視「現在」才能開啟未來

我們要隨時保持高昂的志氣，確立人生的目標。當我們還在求學時，那些思考過「自己是什麼樣的人」、「人生該如何安排」等人生目標的人，與不曾思考的人，兩者往後的人生會出現很大的差異。

不過，也不是一朝一夕就能實現遠大的志向或目標。要實現一個大目標，每天腳踏實地的努力絕不可少。

京瓷還沒有成長到現在這樣大規模的公司之前，只是一個小工廠，當時稻盛不斷對員工說：「我們一定會成為世界一流的公司。」

但現實是如何呢？

稻盛回顧當時，縱有崇高的夢想和期望，他每天還是得重複單調乏味的工作。為了能讓工作進度比昨日又更向前，就必須拼命地解決眼前的問題，然而卻常常因此就花去一天的時間。

當然，稻盛有時也會因夢想與現實之間的懸殊落差而深受打擊。他曾經問自己，只是這樣每天不停地工作，就能變成世界一流的公司嗎？

但是，正是這樣日復一日地工作，腳踏實地不斷努力，才有辦法達成遠大目標。

千里的道路還是得一步一步地走，正如老子所說：「合抱之木，生於毫末；九層之台，起於累土；千里之行，始於足下。」意思是：「雙臂合抱的大木，是從幼枝生起的；九層的高台，是從第一筐土堆起的；千萬里的路程，是從第一步走起的。」

現在必須抬頭仰望的大樹，一開始也不過是株小樹芽。歷經數年，一毫米、一釐米地漸漸長成大樹；蓋大房子也必須要先鞏固地基，否則很快就會倒

在京瓷總公司辦公室瀏覽資料的稻盛。

塌——一切都要踏實地從基礎做起。

如此才能延長到千萬里路。要走千里路，必須是一步一步地走；偉大的夢想也得一天一天地累積成果，最終才得以實現。

不要小看現在，這個瞬間的努力，將會決定下一個瞬間。一天一天累積下來，自然看得見明天的模樣，然後當我們同樣努力地過好明天，接著便能看見未來一週的模樣，再累積下去便能看見未來一個月、一年的景象。

我們毋須憂心未來或感到不安，重要的是當下拼命地努力，如此才能擁有充實美好的人生。

珍惜「現在」才能開創未來。這是實現偉大夢想唯一且最好的方法。

生活態度

007

正因為喜歡

要徹底愛上你的工作——這是藉由工作使人生變得更豐富的唯一方法。

——《生存之道》

生活態度

008

必須把辛苦的工作變成富有生命價值的工作，所以必須愛上工作。

——《生存之道》

1991年，刊登於雜誌《AERA》（朝日新聞出版）的稻盛氏。

成為自我燃燒的自燃人

要完成一件工作，需要非常大的能量。越是困難的工作，所需的能量越大。所謂的能量，就是鼓舞自己，讓自己燃燒的火種。

物質原本就有「可燃性」、「不燃性」、「自燃性」三大性質。「可燃性」是指有火就能燃燒；「不燃性」是指有火也無法燃燒；「自燃性」則是指會自行燃燒。

這三種特性也適用於人類。

如果你想完成一件工作，你就必須是會自我燃燒的「自燃人」。「自燃人」毋須別人吩咐就會自動自發。這種人自我燃燒的能量也會感染身邊的人，使對方一起加入燃燒的行列。他們會帶動「可燃性」的人，一起燃燒。

那麼，要怎樣才能成為「自燃人」？

答案非常簡單。稻盛和夫說：「要愛上工作。」俗諺云「好者能精」——「喜歡」正是最大的驅動力。任何欲念、努力，或日後的成功，全都是以「喜歡」作為原動力，這一點絕不能忽略。

無論面臨多麼艱難的工作，只要「喜歡」，任何辛苦都不算什麼。因為「喜歡」，自然就會產生意願，連努力都不再覺得是努力。在旁人看來好像很辛苦的事，但當事人是因為喜歡所以才去做，因此不以為苦，反而樂在其中。

在任何領域，每個成功的人應該都「喜歡」自己正在做的事。

如果你希望現在的工作成功，想有所成就，那就要全心愛上它——這是藉由工作使人生變得更豐富的唯一方法。

009

為了愛上工作

怎樣都無法愛上自己的工作該怎麼辦？總之先試著一心一意、全力以赴。

——《生存之道》

越投入就會越喜歡

怎樣都無法愛上工作的人到底該怎麼辦？

看上去好像是在講反話，但無法愛上自己工作的人，最好就是先一心一意地全神投入工作。

這跟「先有雞還是先有蛋」的問題一樣，是一種無限循環的關係：因為喜歡，才能全心投入；因為全心投入，所以越來越喜歡。

只要有心，人可以做出任何改變。因此，就算一開始覺得沒辦法，也要不斷告訴自己「這個工作很了不起」、「這真是優厚的環境」。

漸漸地，你對工作的態度就會很神奇地改變。對工作抱怨連連的人，在職場總是比平常更容易負面思考，工作的品質和效率也很差。但是，當心境改變，就能積極地去做一樣的工作了。

先前曾經提到，稻盛自大學畢業後就職的松風工業，當時已經是隨時倒閉也不意外的狀態。怨聲載道的同事們紛紛辭職，到最後只剩下他一個人在職。

想到咬緊牙關讓自己去上大學的父母和家人，還有在普遍就業困難的社會環境仍幫忙推薦的恩師，自己現在還有班可上，已經是謝天謝地。稻盛這時只有一個念頭，他決定無論如何都要認真投入眼前的工作。當他實際這麼做之後，漸漸地就有了一些成果。最重要的是，他開始享受自己的工作——因為要做出更好的成果，因此便比以前更加努力。

總之先專注於眼前的工作，這樣就能開啟良性循環。

對於那些心不甘情不願，也就是所謂「不燃性」的人來說，工作永遠是痛苦的。不除去「被強迫」的意識，就絕對無法從工作的「痛苦」中逃離。

如果你希望擁有充實的人生，只有兩個選擇：「做喜歡的工作」或是「愛

京瓷總公司開會情形。攝影：菅野勝男

上工作」。但話說回來，能把喜歡的事當成終生工作的人並不多。近年來，社會新鮮人進公司後三年內的離職率都超過三成。這些辭掉工作的人當中，又有多少人能成功找到喜歡的事做？

就算進到夢寐以求的公司，也不見得就能分發到自己希望的部門。

所以我們應該要好好面對眼前的工作，全心投入，直到「喜歡」為止。這才是前往充實人生的捷徑。

縱使有所謂的「天職」，但那份天職絕不是從天而降，也不是偶然碰上的，而是要由自己去創造。

生活態度

010

跟上天借用才能

我認為每個人的才能都是上天的恩賜，不，應該只是向上天借用才能而已。

——《生存之道》

托缽時的稻盛。攝影：菅野勝男

謙虛的美德

「謙虛」是非常重要的品德。要成功經營一家公司，不只仰賴經營者的能力，經營者謙虛與否也是很重要的條件。

京瓷原本是稻盛為將其所學技術用之於社會而創立，這顆夢想的種子其實是源自他利己的願望。

然而，就在京瓷創業第三年（一九六一年），前一年剛入社的十一名高中畢業員工突然向稻盛遞出「請願書」，要求公司保證定期調薪及發放獎金，若不能如其所願，他們將要集體辭職。

稻盛年輕時也曾有剛進松風工業就想辭職的經驗，他明白此事非同小可，待他查明原由，才知道原來當時大家每天都加班到深夜。

中學畢業的員工因為還在讀夜校，所以都準時下班，但高中畢業的員工就沒有正當理由了，有時候甚至連星期天他們都要上班。最後，他們終於忍無可忍決定呈報上級。但是，公司正值草創期，稻盛也不敢向員工保證公司將來的發展。

稻盛招待他們到家裡，花了三天時間與他們促膝長談。他一個一個說服，最後只剩一人始終不肯妥協。稻盛乾脆使出殺手鐧：「如果我違背諾言，你大可以一刀殺死我。」說完，對方終於緊握稻盛的手，流下了眼淚。稻盛認為，年輕員工將一生託付於自己為了實現夢想而成立的公司，因此他有責任照顧他們一輩子。稻盛一肩扛下重責，同時也深深體悟到經營者不能將私欲當成公司成立的目的。對稻盛而言，經營公司最基本的目的就是要保障員工與他們家人的生活，以大家的幸福為目標，因此「追求全體員工物質與心靈的幸福」正是他的經營理念。此外，不只是照顧員工，稻盛認為作為社會的一分子便應該肩負「對人類、社會的進步發展有所貢獻」的使命。稻盛這種思維的根基在於，他認為自己只是向上天暫借才能，因此他的才能必須用於大眾、用於「社會」，這正是所謂「謙虛的美德」。

生活態度

011

為了美好的人生

我們必須清楚明白，要遵循何種思考方法才能擁有「美好的人生」。

——《稻盛和夫的哲學》

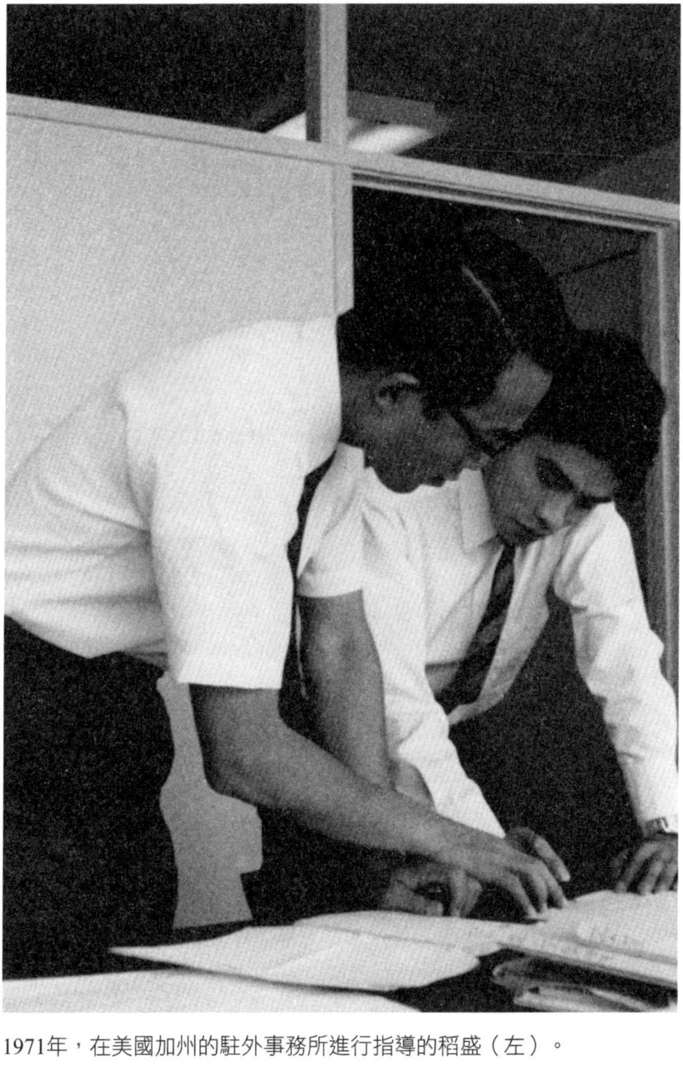

1971年，在美國加州的駐外事務所進行指導的稻盛（左）。

全心投入工作是最美好的事

距離日本戰後已經過了七十年，隨著國際化的腳步，日本也晉身世界屈指可數的經濟大國。然而，每年仍有將近兩萬人自殺，還有日益增多的繭居族和尼特族，造成嚴重的社會問題，更有許多對人生與未來感到不安的人。

這或許顯示出，經濟富裕不一定能豐富人的心靈。

我們現在最需要的應該是坦然面對「人為何而生？」這個問題，思考做人的最基本哲學。就如本章所述，要遵循正確的思考方法，才能擁有「美好的人生」。而我們必須清楚了解何謂正確的方法。否則，我們就只是經歷「人生」的外在變化，心靈卻無法成長充實。

那些討厭吃苦、只想輕鬆嬉鬧過日子的人，及看一切都不順眼、成天抱怨的人，與那些對人生懷有崇高目標，並且努力追求、不屈不撓的人之間，有很大的鴻溝。

日本自古以來便提倡「勤勉與勞動的價值」，但隨著日本近代化，許多日本人對此價值的看法已有很大的不同。過去，日本人的過度勞動受到歐美先進國家的批評，因此日本努力實施減少勞動時間、增加休假等各種「勞動改革」。例如，實施「超值星期五」（Premium Friday）制度，在每個月的最後一個星期五提早下班。但是，如稻盛所說，日本人本來就是從工作當中學習各種智慧和技術，並藉工作鍛鍊心志。他認為人必須藉由工作而成長。

為豐富和提升自己的心靈，要全心投入工作。

或許我們應該重新思考勤勉與勞動的價值，昔日許多日本人都擁有這種美德，但現在卻幾乎消失殆盡。

神就藏在細節裡

是什麼將平凡的人變得不凡？答案是，一心一意努力不懈、認真面對每一天的能力。

——《生存之道》

生活態度

013

切忌不懂裝懂，不懂就要誠實面對，這樣才能重新來過。

——《經營者人格的14堂課》

生活態度

014

「做到」與「知道」之間有很大的落差，填補其中落差的就是實務經驗。

——《生存之道》

生活態度

015

努力到連上天都忍不住想幫忙。

——《生存之道》

「知道」不代表「做到」

稻盛說他「不太喜歡才子」，也有俗話說「才子敗於才」。有才的人往往因其才智而能洞察先機，但卻反而變得不屑於腳踏實地。所以稻盛才會說，光是「知道」不代表能「做到」。要「做到」必須有所行動，而且要每日不間斷地累積實踐成果。我們說「神就藏在細節裡」，只有連小細節也不馬虎、努力貫徹執行的人，神才會想要幫助他。

生活態度

016

年輕時的辛勞

擁有偉大成就的人，年輕時無不經歷過苦難。

——《稻盛和夫的哲學》

要提升自我就應該積極接受考驗

回顧稻盛的前半生，他一路走來並不順遂（如幼時罹患結核病）。他攀過高峰，也曾跌入低谷，但他勇敢面對千辛萬苦，最後終於成就事業。一個人面對苦難的態度，將決定他的人格本質。

生於鹿兒島的稻盛心目中有一個如完人般值得尊敬的人物，那就是同鄉的偉人——西鄉隆盛。

西鄉出身下級武士家庭，年幼時被戲稱為「獨活」（土當歸），意指「中看不中用」。因為他體型壯碩，總是瞪大著眼睛，卻沉默寡言，給人不太機靈的印象，所以才會被取這個綽號。

沒想這個孩子長大後，竟成為改變日本的偉大人物。雖曾受到明君島津齊彬[1]賞識並大力栽培，但他仍經歷了各種苦難。

一八五八年，京都清水寺的僧人月照[2]因參加尊王攘夷運動被迫離開京都，獲西鄉協助逃到薩摩。然而島津齊彬死後，掌握實權的繼任者「藩父」島津久光[3]下令驅逐月照，西鄉為了友情及道義，與月照一起在錦江灣投海赴義。後來西鄉雖奇蹟似地獲救，但卻對無力保全朋友深感愧疚，周遭也責怪他苟且偷生。西鄉決心背負恥辱，帶著友人死去的悲憤，堅強活下去。

西鄉因與島津久光之間的嫌隙，被流放到奄美大島及沖永良部島。在沖永良部島的監禁處，他甚至是餐風露宿，過著必須忍受強勁海風和暴雨的日子。

1 島津齊彬（一八〇九—一八五八），為日本鎖國時代，九州鹿兒島薩摩藩藩主，為幕末的薩摩能夠躍升為雄藩的關鍵人物。
2 月照（一八一三—一八五八），為日本幕末時期，擁有強烈勤王主義思想的僧侶。
3 島津久光（一八一七—一八八七），號稱「藩父」，為島津齊彬的異母弟。當齊彬逝世，由久光的兒子島津忠義繼位後，島津久光就以藩主父親的身分，君臨藩政。

在這樣的環境下，西鄉索性每天打坐冥想。原本身形巨大的他日漸消瘦，負責監視的獄卒於心不忍，便在自家中隔出牢房收容他，勉強保住他的性命。西鄉在沖永良部島的牢房裡潛心鑽研陽明學，鍛鍊自己的心志。

歷經多次的磨練，使西鄉更為強大，於日後重掌薩摩藩兵權，與幕府方的勝海舟[4]對峙談判，最後成功使江戶無血開城，讓明治維新終獲成功。可以說因為西鄉隆盛一生多災多難，反而成就了他這個人。

人要如西鄉隆盛一般，經歷過超乎想像的艱苦磨難，才能成就偉業，也才能成為「偉人」。如此想來，出身名門、衣食無缺的人的確鮮少有所成就。通常這種人稍微吃一點苦，就馬上退縮了。

---

4 勝海舟（一八二三—一八九九），日本幕末的開明政治家、日本海軍始祖。一八六八年三月，以薩摩藩、長州藩為主力的新政府軍進逼江戶。眼看戰爭一觸即發，幕府方的勝海舟與新政府方的西鄉隆盛進行了會談，結果確立了將江戶城和平移轉給新政府，此即歷史上的「江戶無血開城」。

1990年代，巡視中國工廠的稻盛。

討厭吃苦是人之常情，但自古有云「吃得苦中苦，方為人上人」（逆境使人成長），想要提升自我，就應該積極接受苦難的磨練。

017

才能的用途

若自己被賜予才能，必須將之用於員工、客戶及社會。

——《成功與失敗的法則》

生活態度

018

只要動機、實行過程良善，就不必問結果，我堅信一定會成功。

——《經營者人格的14堂課》

不為私利私欲，重視利他精神

先前提到京瓷的經營理念，可歸納為以下這段文字：

追求全體員工物質與心靈的幸福，
同時對人類、社會的進步發展有所貢獻。

京瓷草創時，是個資金、信用、業績都沒有的小工廠。稻盛能仰賴的只有微不足道的技術和互相信任的夥伴。

為了使公司成長發展，每一個員工都要全心投入，而經營者更是要拼了命回饋員工的努力。他希望這是一個夥伴互相信賴、不為個人私利，全體員工真心樂意付出勞力的公司。就像我們每一個人都是全體人類的一分子，公司也是社會的一部分，所以也希望這家公司能夠對人類、社會的進步發展貢獻微薄之力。

京瓷的經營理念簡潔地傳達了稻盛經營哲學的原點——重視「心靈」的經營態度。

稻盛之所以成立第二電電（DDI，現KDDI），加入原本只有日本電信電話公社（現NTT）獨占市場的通信業，也完全是基於上述的利他精神。稻盛為推動這項大事業考慮了半年，他每天晚上睡前都反覆嚴格自省：「此舉是否立意良善，無一點私心？」「自己現在推動的事，是否真心為了社會？」「有沒有想賺錢的私心？」「有沒有想出風頭的邪念？」當他敢對自己的良心發誓「絕無一點私心」時，才決定推動這項事業。

《南洲翁遺訓》是稻盛所敬愛的維新三傑之一——西鄉隆盛留下的名言

1969年，與職場主管暢談未來發展與經營方針的稻盛。

集，書中寫道：「平日憂國憂天下之誠心不厚，惟趁時而成就之事業，絕難永續。」（摘自遺訓第三十八條）正如此訓示所言，KDDI也是稻盛排除私心，以利他之誠意為國民社會發起的事業，它才能在競爭條件最不利的狀況下發展至今——現在的KDDI已是與NTT並駕齊驅的電信事業。

身為經營者，當小有成功時，切記要更加謙虛。成功絕不是只憑一個人的才能就能達到的。

如果你擁有不同於別人的才能，絕不要用於私利私欲，必須是為公司的員工、為客戶，甚至是為全體社會而用。因此不可因成功而驕傲，當更加謙虛、更加努力。或許是因為經營者篤信謙虛的美德與犧牲小我的利他誠心，才造就了今天的京瓷和ＫＤＤＩ。

生活態度

019

美好又崇高的精神

若有人問我：「為何生於世上？」我會毫不猶豫並謙卑地回答，是為了成為比出生時更好一點的人，或者說，為了帶著更美好且高尚的靈魂死去。

——《生存之道》

母親阿君（中央）與兄長利則（右）。

為更好的生活，要更加努力工作

稻盛認為人生於世上的理由是「為了帶著更美好且高尚的靈魂死去」——也就是將靈魂提升到更高境界。

然而，即使對僧侶這類修行者來說，「磨練心志」也不是件輕而易舉的事，必須要有一定程度的修行才行。

而生於俗世的我們，所謂的修行，就是「工作」。更進一步地說，如果所謂「好好活著」的定義就是「磨練心志、提升靈魂」，那麼我想沒有比為此「好好工作」還更重要的事了。

工作不只是追求業績（雖然這的確也很重要），但還有比追求業績更重要的事。我們藉著工作來昇華人性，使我們每一個人的內涵更加完整。

在俗世中生活總是有苦有樂，我們嘗盡一切滋味，被幸與不幸的波濤洗滌，全心全意努力地活著，直到壽命圓滿那一日。因為我們知道這過程就是琢磨自己靈魂的磨石。

一個人的「生活態度」可以擦亮靈魂，也可能使它黯淡。人生有限，就看你是要活得高尚還是過得卑微。

稻盛知道自己也不會例外，所以每天以自我戒慎的「儀式」作為日課。每當激動訓斥部下，或發現自己得意忘形，或感覺自己努力不足時，便會在一天工作結束後，回到旅館或家中反省。有時也會在隔天早上起床後，回想昨日的種種，然後站在洗手台前，嚴厲斥責鏡中的自己：「你這個笨蛋！」而反省的話語也自然脫口而出：「老天爺，真對不起。」

對稻盛來說，「工作」也包含每天的反省功課。他會養成這個習慣，正是因為他深知這是讓自己更懂得如何做人的修行。

生活態度

020

擴展經營的人生觀

經營的目的，換句話說就是經營者的人生觀。

——《經營者人格的14堂課》

於京都八幡的円福寺致詞的稻盛。

看清事物的本質，貫徹正確的生活態度

稻盛身為一位企業經營者，他仍然不忘「將正確的事貫徹到底是做人根本」這樣的信念。以此思維為本，他領悟到必須提升經營的目的至更高層次。

事業要成功，必須燃燒經營熱情、提升能量。雖然對財富、名譽的欲望都是成就事物的巨大原動力，也具有強大的能量，但另一面卻也使人掙扎，甚至我們得經常為此壓抑能量。憑著想要賺大錢的欲望經營事業，短期間或許沒有什麼不好，但以長遠的眼光來看，肯定不會一帆風順。人沒有受到約束，心裡就會產生各種欲望。比如，肚子餓時產生的「食慾」；對抗外敵的滿腔「怒火」；心煩時「發牢騷」。佛家稱貪、嗔、痴為「三毒」，它們是毒害力最強的三種煩惱。人只要放任自己，心中就會湧上三毒。我們必須先看清這些煩惱，藉著意志力來壓抑克制，也就是所謂的「克己」。

京瓷從只有二十八名員工的中小企業開始，因稻盛和全體員工努力有成，使公司穩定發展，年收益從五億圓逐漸增加至十億圓。稻盛回想這一路走來，他也曾經驕傲，「年收益能達到十億圓，全歸功於我開發的技術吧。多拿一點薪水也不為過啊。」但當心裡一產生這樣的念頭，他便馬上告誡自己「不對，絕不能視自己的才能為私物」，因此稻盛一直以「上天之所以賜給自己才能，是為了世人」的態度面對工作。

以這樣的人生觀經營公司，就能看清事物的本質。當我們要做決斷、判斷時，必須分清楚私欲或大義，捫心自問直到完全明白才行。當我們提升經營的目的至更高層次，也追求了更崇高的人生目的時，便是重視大義。

生活態度

021

心中有哲學

人會藉著工作而成長。

——《生存之道》

生活態度

022

怠惰而沒有目標的人與認真生活的人，兩者的人生會展開截然不同的劇情。

——《經營者人格的14堂課》

生活態度

023

為自己期望的人生豪賭，工作將有無盡的樂趣。

——《經營者人格的14堂課》

生活態度

024

人生有無目標，將會使後半生有很大的差異。

——《經營者人格的14堂課》

生活態度

025

人生必須每天創新，否則人不會進步，也不會有魅力。

——《經營者人格的14堂課》

生活態度

026

今天過得淋漓盡致，明天就清晰可見。

——《經營者人格的14堂課》

對人生與經營都重要的哲學

若希望人生更富足，應該要選擇怎樣的生活方式？

本章所選錄的稻盛名言告訴我們，在有限的一生當中，要「超認真」地過每一天，不為任何私利私欲，而是為普世眾生，以利他的誠心，努力達成更高的目標。一個人若胸懷如此崇高的想法，他就能藉工作豐富人生。

當然，也有人天賦異稟，但才能只是上天的賜予，若不懂得謙虛，一次成功就趾高氣昂，這樣的成功不會有多麼斐然的成果。

稻盛常說經營必須先有「哲學」。而所謂的「哲學」便是指，人得認知到自己只是向上天暫借才能，因此得努力為社會及世人貢獻，用回饋的心情面對人生。

稻盛正閱讀《南洲翁遺訓》。攝影：菅野勝男

二〇一〇年，稻盛便以他的「經營哲學」成功挽救了陷入破產的日本航空公司。破產前的日航是「代表日本的航空公司」，歷史悠久。主管幹部因此而態度傲慢，員工也只是依上司的指示工作，是一個完全沒有哲學思維的職場。受託來重整經營的稻盛先召集主管幹部，重新教育，進行意識改革，闡揚何謂「為人的正道」。他每天不厭其煩地宣導做人應有的態度，因此打動了日航的主管幹部。稻盛也對服務最前線的員工訴諸哲學，結果每名員工都再度充滿活力，讓日航成功轉變為服務品質最佳的公司。歷時僅僅兩年八個月，日航便再度成為上市公司。

稻盛說，這個作為人生和經營指標的「哲學」，其實是源自很單純的原理原則。

在下一章的「原理原則」中，我們將繼續探究本章所討論的課題——何種生活態度能作為人生的指標？這也可說是一種哲學根本問題。

第2章

原理原則

原理原則

027

影響人生和工作的決定性因素

我認為，人格就是「性格＋哲學」的展現。

——《生存之道》

原理原則

028

人生、工作的結果＝思維×熱誠×能力。

——《生存之道》

原理原則

029

人生和工作的成果……是「相乘」，而不是「相加」。

——《生存之道》

京都陶瓷（現京瓷）創業時的稻盛，於公司正門。

幸福與成功都必須借助哲學

其實對於任何工作來說都一樣（不只是領導經營），人的才能稟賦固然重要，但卻不是絕對必要的條件。

稻盛回想自己二十七歲創立京瓷時，技師出身的他，對經營完全外行。但他始終堅持一點：既然是經營者，就必須對員工的生活負責。經營者對員工的問題要做出正確的判斷，也要給予明確指示。

經營者若判斷有誤，不僅危害公司，員工和他們的家人也會頓失依靠。稻盛在獨自摸索的過程中，決定以追求「為人的正道」作為判斷標準。

所謂「為人的正道」與一個人的人格密不可分。

假設有一個擅長經營、精通會計又幹練的人。雖然他能力過人，但他卻人格扭曲、自私自利。他很可能會利用自己的優勢，在帳目上動手腳，做出不法的行為。能力可以因個人的本性或人格而被用在做好事或壞事，所以我們才不能忘記要提升「人格」。稻盛認為人格是由每個人與生俱來的性格，再加上人生過程中所領略的哲學所構成。更重要的是，人格並非由先天決定，而人生、工作的結果也不取決於先天稟賦。

稻盛告訴我們，「人生、工作的結果＝思維×熱誠×能力」。其中，能力是先天的資質；熱誠指的是努力完成工作的熱情（因此取決於自身意志，是後天要素）；思維則是指人的心靈與生活態度，也就是哲學。能力和熱誠的分數範圍是從零到一百，思維的分數範圍則是從負一百到正一百，而這條人生方程式要以乘法來計算。因此，一個人即便天資聰穎並滿腔熱誠，但其哲學若是負值的話，他的人生就絕不可能幸福。就算他天賦異稟，熱切地追求成功，但只要他心術不正，終究會招致不幸的結果。

原理原則

030

宇宙的法則

人生可以心想事成，強烈的念想終將實現——請牢記這個「宇宙的法則」。

——《生存之道》

強烈的念想能創造人生

能扭轉人生、使工作成功順利的法則為何?前面說到「思維」至關重要,所謂「思維」,更明確地說,就是指會使心中構思、強烈期盼的事變成現實的思考方式。

在第一章也說明過「人可以實現思考」,稻盛對日航員工的談話就是一個很好的例子:

要達成新計畫,唯有靠不屈不撓的意志。既然如此,必當勇往直前、專心一志、抬頭挺胸、堅強面對、一心一意。

這段話是二〇一〇年二月，稻盛允諾接下重整破產日航的任務，在就任日航會長時對全體員工的談話。這段話源自於宣揚積極思想的思想家中村天風[1]。

稻盛相信：「強烈的願望可以改變現實。」並以此作為重整日航的主要精神。

曾有周遭的人勸他回絕這個有損晚節的任務，也有人嘲諷他對航空業完全外行，不可能重整成功。

在沒有任何勝算的情況下，稻盛秉持上述所提及的那種單純又堅定的「意志」，全心全意帶領日航重新整頓。而因公司破產而士氣低落的日航員工們，也感受到了這股堅定的意志。正是這股意志，讓幾乎無人看好的重整計畫得以

1 中村天風（一八七六—一九六八），為日本首位瑜伽修行者、哲學家，其思想精髓為將身心化為一體，創造堅強生命，活出有價值的人生。

雨後在鹿兒島城山散步的稻盛。攝影：菅野勝男

實現。

稻盛自己也說：「宇宙中有一股能將萬物導向善的方向，並推動萬物生成發展的力量，就稱它是宇宙的意志吧。」這股力量也推動了日航的重建工作。對於宇宙中的這種原理原則，稻盛是這麼說的：「宇宙的起源是假設有一小撮高壓高溫的基本粒子引發大爆炸，也就是所謂的宇宙大爆炸理論。」

這場初始的大爆炸使基本粒子結合，產生構成原子核的質子、中子及介子。這三種粒子結合成為最初的原子核。當它捕捉到電子時，就會產生最小的原子——氫原子。之後再陸續產生各種原子和分子，形成高分子，最後甚至演化成人類這種高等生物。

可以說，宇宙中有一股意志推動著它的誕生與發展。這股意志產生出原子和分子的法則，而這個世界就是由各種法則組合而成。

原理原則

031

持續就有力量

持續與反覆不同。

——《生存之道》

稻盛在京瓷精密陶瓷館內，於創業時的陶瓷製品前。攝影：菅野勝男

即使像螞蟻的一步也要前進

人生在世，資質優劣早有定數，這就是嚴酷的現實。然而，難道平凡的人就無法變得非凡嗎？答案是否定的。只要腳踏實地過每一天，平庸的人也能成為非凡人物。

說到才能，一般人可能認為「有天分當然是再好不過的事」。企業若能聘僱許多才華出眾的人才，業績肯定蒸蒸日上，公司也會日益壯大。稻盛回想，當京瓷還只是間中小企業時，他看到其他公司能招募到許多優秀人才，心裡其實非常羨慕。

稻盛承認他當初也曾經因為太過期待才華洋溢的優秀人才，對平庸的人幾乎看不上眼，但後來卻遭遇好幾次理想破滅。越有才的人，越容易自滿、驕傲，毫不掩飾對其他員工輕視的態度，結果造成公司同仁之間尷尬的氣氛。而那些人又自恃有才，因此能迅速下判斷、乾脆地放棄。若有其他公司提供更好的挖角條件，他們便爽快答應，早早辭職跳槽。有俗諺云「才子敗於才」，指那些仗著自己有才而疏於努力，不願腳踏實地的人，往往容易誤入歧途。相較之下，雖然平庸卻本性良好的人，就算吃苦，也願意默默承受，努力工作。因此，長時間積累下來，他們反而成功拓展自己的能力，成為幹練的優秀人才。

平凡的人要變得非凡，必須靠日積月累的努力——認真地過每一天，日復一日地持續積累。唯有這樣持之以恆的努力，才會培養出一個人的能力，使他成長。儘管「持續就有力量」，但我們必須注意，持續固然重要，但若沒有每天反省自己，只是重複同樣的事，根本沒有意義。「持續」與「單純重複同一件事」不一樣，持續是指每天都找出應該改善的地方，讓今天比昨天、明天比今天、後天比明天更好，慢慢累加改善，不忘改進。即便踏出去的是像螞蟻一樣的小小一步，但願意勇敢邁出就是前進。不走熟悉的同一條路，而是累積創意、持之以恆，這才是成功的捷徑。

原理原則

032

為人的正道

人生和經營的根本原理都一樣，非常簡單。

——《生存之道》

原理原則

033

過去的判斷所累積出來的結果，就是現在的人生；未來的選擇，則會決定今後的人生。

——《生存之道》

原理原則

034

以原理原則為基點訂出哲學，並遵循這種人生哲學去生活，就能邁向成功，為人生帶來豐碩的果實。

——《生存之道》

貫徹人生的原理原則

儘管稻盛於二十七歲創立京瓷，但過去一直是陶瓷工業技師的他，根本是個完全不懂經營知識，也欠缺管理經驗的門外漢。然而，對稻盛來說，既然成為經營者，就得努力研究、開發新技術，更必須照顧員工的生活，甚至對他們的家人負責。

肩上的重責，讓稻盛深感事關重大，每天都心事重重。

此外，公司裡也會發生各種問題，如：生產線故障、與同業競爭、與客戶往來等，不同的場合會有不同的問題，而這些問題最終都必須仰賴經營者判斷因應對策和解決方法。即便是面對自己不甚精通的業務或財務，經營者也要迅速做出決策。不過，經營者的一個判斷，可以使公司壯大，卻也可能使它陷入

在稻盛主辦的經營講座「盛和塾」交流會上。

危機。但稻盛過去只是名技術人員，經營管理對他而言是塊未知的領域。他沒有經營管理的相關知識，也沒有判斷的依據，更因為沒有經驗，所以沒有可以仿效的做法。在那種情況下，他該以什麼作為經營的指標？

稻盛絞盡腦汁終於想通，其實只要運用極為簡單的「原理原則」，也就是「為人的正道」——不說謊、誠懇坦蕩、不貪心、不製造麻煩、親切待人等看似理所當然的做人基本規範去經營即可。

他之所以決定用這種單純的倫理觀當作判斷標準，是因為每個人（不只經營者）在其一生中，都會面臨到許多需要做選擇或決斷的情況——相信你我也都曾經自己判斷事態並做出決定，甚至可以說：「一個人的日常選擇和決斷，會決定他的一生。」

這麼看來，人生和經營其實一樣。

無論是人生還是經營，都必須做出各種選擇或決斷，能不能根據明確的原理原則做出判斷，將會使人生和公司的營運結果完全不同。我們必須遵循著簡單明瞭的原理原則，才能在迷失或是難以判斷的時候，讓我們再度回到原點。

原理原則

035

人可以改變命運

命運與因果報應法則，這兩大原則支配著所有人的人生。命運為縱線，因果報應法則是橫線，兩條線交織出我們的人生。

——《生存之道》

命運與立命

人生，甚至這個世上，存在著非常單純的原理原則，它就如同解釋自然界現象的一道精美數學方程式，是個必然存在的法則。而稻盛說，有兩個肉眼看不見的法則存在於我們的人生中。

所謂人生，是我們從生到死所要經歷的過程，一切早有定數。而萬物生靈自誕生所背負的就叫做命運。

若命運是一條縱線，它將帶領我們經歷種種事情，面臨各種決斷或選擇。然而，我們的人生卻不是只有縱線。

人生除了命運這條縱線，還有原因與結果環境相扣的「因果報應法則」。所謂「因果報應法則」是指，自己的行為或思想會結成現實的果。若心存善念，與人為善，終能得到善果。相反地，心懷惡意，行事不正，自然生成惡果。若命運是縱線，因果就是橫線。稻盛認為我們的人生就是由命運的縱線與因果的橫線交織而成。

陽明學思想家安岡正篤[2]在其著作《命運與立命》中，對命運與因果這兩個人生的法則有深入淺出的說明。

安岡將中國古書《了凡四訓》稱為「立命之書」。《了凡四訓》的作者袁了凡[3]幼時從一位研究《易經》的老人那知悉了自己的命運。老人告訴他，命運註定他將考取功名，當官出世，娶妻但無子嗣，五十三歲壽終正寢。隨著老人所言一一應驗，袁了凡也就接受了自己的命運。當他任職地方官時，遇見了

2 安岡正篤（一八九八—一九八三），日本漢學家，被稱為「歷代總理的指南角色」。
3 袁黃（一五三三—一六〇六），號了凡，明朝吳江縣人，萬曆進士。將其一生經歷寫成勸善文《了凡四訓》。

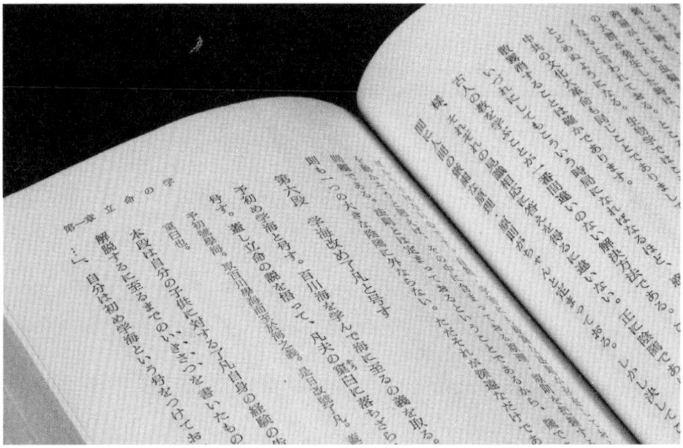

安岡正篤著《命運與立命》。（關西師友協會發行）

雲谷禪師。雲谷禪師見袁了凡坐禪功夫了得，便問：「你於何處修行？」袁了凡回答自己並沒有特別修行，接著就將老人告知自己命運的事娓娓道來：「老人說我會考取功名，被任命為地方官，娶妻但無子嗣——這些都被他說中了。我看我就是命中註定，最後死在五十三歲了吧。所以也就不再多想，打算平淡過完一生。」這才說完，雲谷禪師便為他開示：「你真傻，就算命運早有定數，哪有人乖乖照著命運過活的呢？命運是可以改變的啊！這世上還有因果，只要心存善念，多多行善，自然善有善報，惡有惡報。」此後，袁了凡努力行善，改變了老人所說的命運，不但生了兒子，還活過五十三歲，年過七十仍身體硬朗。

端正自己的行為和思考方式便能戰勝早有定數的命運，所以我們必須正確理解形塑人生的縱線和橫線。

原理原則

036

領導者的資質

領導者要切記，無論他自身的行為、態度、姿勢是善還是惡，都不會只事關他一人，而是像野火燎燒般擴散到團隊內部。

——《經營者人格的14堂課》

原理原則

037

領導者必須要有自我犧牲的勇氣。

——《經營者人格的14堂課》

原理原則

038

唯有領導者犧牲自己，營造一個讓團隊中的大多數人都能安心工作的環境，才能贏得部下的信賴與尊敬，發展職場的協調與紀律。

——《經營者人格的14堂課》

原理原則

039

所謂判斷，就是以自己心中的「尺」來對照問題、做出決定。

——《經營者人格的14堂課》

有使命感與品德的領導者

領導者需要具備怎樣的資質？又或者說，何謂理想的領導者？稻盛以美國西部拓荒時代的篷車隊為例，告訴我們領導者應有的姿態。比方說，對西部拓荒時代的篷車隊來說，他們的目標是開拓蠻荒，因此必可預見前方將是困難重重。掌握整個車隊命運的領導者（隊長），唯有發揮卓越領導力，才可能帶領車隊到達目的地。在今天這個未來不明、充滿不安的時代，帶領企業的經營者就像西部拓荒時代的篷車隊隊長。因此，要成為一名領導者，首先必須具備的條件就是擁有「使命感」。

在西部拓荒時代，人人都渴望「賺大錢」；在現代商場上，企業經營者、集團的領導者也各個都心懷強烈的渴望。但最重要的是，這股渴望不能僅為滿足經營者的私利私欲。畢竟，自私自利絕不得人心，若每個人都只照自己的欲望行事，團隊便無法同心一致。經營者必須高舉「我們是為了這個崇高的目標而努力」一般的大義，也就是肩負「使命感」，才能集眾人之力，做最大發揮。

京瓷的經營理念是「追求全體員工物質與心靈的幸福，同時對人類、社會的進步發展有所貢獻」，這就是所謂的「使命感」。稻盛說，由於京瓷全體員工由衷地認同這項排除私欲的經營理念，因此他們能夠團結一致，為公司發展捨身盡忠。正是這樣光明磊落的目的（使命），才能驅動身為領導者的稻盛奮發向上，同時勉勵部下一起為事業奮鬥。

換句話說，領導者須擁有良好的道德修養，並依光明正大的目的（使命）行事。

但是，如果領導者缺乏道德呢？

先人早有訓示，若領導者道德低落，對組織會造成莫大影響。十一世紀，中國北宋詩人蘇軾的父親蘇洵曾說：「夫國以一人興，以一人亡。」若說各國的興亡盛衰事蹟構成了人類的歷史，那它同時也是一部領導者的歷史。假如要更了解領導者應有的資質，可以參考明代思想家呂新吾耗費三十年心血、於晚年完成的《呻吟語》。呂新吾寫道：「為政先以扶持世教為主。在上者一舉措間，而世教之隆污、風俗之美惡繫焉。」揭示了領導者的資質是一切的關鍵。

他又寫道：「深沉厚重，是第一等資質」，指出「性格穩重、處事皆經過深思熟慮」是最重要的領導者條件。反觀「聰明才辯，是第三等資質」，說明「頭腦聰明又善於言詞」並非最重要的領導者資質，只算是第三重要的要素。呂新吾身處的明代，由於邊境情勢嚴峻導致內政混亂，他雖為文向上進言，卻遭一笑置之。呂新吾由此澈悟儘管集結眾多優秀人才，若領導者資質不佳，也毫無意義。

稻盛在二〇〇四年赴中國共產黨中央黨校演講時，談及呂新吾：

2011年，稻盛於全球幹部集結的京瓷國際會議。

「我認為現在日本及許多國家社會發展停滯，就是因為領導者多是第三等資質的人才。要建立良好社會，必須由第一等資質的人，也就是品德高尚的人來領導各界。」

就如前述的篷車隊例子，領導者須以高尚的人格領導團隊（以德服人），並拋開私欲，堅持崇高目標才能成就大事。若領導者能以使命感作為號召，行為舉止皆以德為本，便能提升團隊的道德觀。此外，部下也會以領導者為楷模，願意忠心跟隨。

原理原則

040

大義與成功

大義與志向是截然不同的東西。志向主要是指個人的目標；大義則是指非利己的、捨棄個人立場，並對眾人具有重大意義之事物。

——《稻盛和夫的哲學》

利他精神將不可能化為可能

稻盛曾自述，他之所以接下重整日航的任務，是基於三項大義：

首先，是對日本經濟的影響。他認為日航就象徵著持續衰退的日本經濟，若日航重建不幸失敗，不僅嚴重影響日本經濟，恐怕連日本國民也會因此失去自信。

其次，是確保日航留任員工的工作。為了使日航成功重建，在稻盛上任前不得不大規模裁員，無論如何他必須保全續留員工的工作。

第三，是要確保消費者，也就是日本國民的福利。日航破產將使得日本國內只剩下一家航空運輸公司。在沒有競爭企業的狀況下，機票的價格將高漲，更可能導致服務品質惡化，這對消費者來說肯定不利。

為了這三項大義，稻盛勇敢投入他毫無經驗的航空業，最後更成功重建日航，完成這個不可能的任務。正是因他拋開利己思維，憑藉著利他精神及為大眾服務的使命感，才將不可能化為可能。

原理原則

041

領導者與團隊的關係

團隊，正是清晰映現領導者的一面鏡子。

——《經營者人格的14堂課》

領導者的態度

稻盛以美國西部拓荒時代的篷車隊為例，提出成為領導者的首要條件是具備「使命感」。此外，他還補充了另外四項領導者要件，分別是：「明確規劃，實現目標」、「挑戰新事物」、「贏得信賴與尊敬」、「凡事為別人著想」，上述就是領導者必備的五項要件。

首先，「使命感」指領導者心中認定「為了崇高目標而努力」。它是領導者的必備條件，因為假設領導者不具備使命感，他就無法集結並最大程度地發揮眾人的力量。第二項「明確規劃，實現目標」，指領導者在艱難的道路上，要如同篷車隊隊長，不能迷失方向——他要設立明確的目標，並不畏任何困難地盡力達成目標。所謂的領導者，就是能夠凝聚全員共識、設定一致同意的具體目標，並以最大熱誠朝著目標努力。第三項「挑戰新事物」，指領導者須如同拓荒的篷車隊隊長，隨時保持先驅精神。一個組織唯有不斷創新，才能持續成長。第四項「贏得信賴與尊敬」，指唯有優秀的領導者才能贏得信賴與尊敬。篷車隊隊長必須統籌一切，確保糧食穩定與水源無憂，並妥善分配資源，還必須消弭紛爭。最重要的是，領導者必須具備優秀的資質，才有能力維持團隊的融洽。縱使有幹練的手腕，若不能受人信賴或尊敬，就不適合擔任領導者。第五項「凡事為別人著想」，指領導者必須打從心底為別人設想，隨時發揮強而有力的領導力。因為領導者對屬下是真誠的關愛，才能時而嚴厲訓斥，時而共享喜樂。總是最優先考慮組織團隊，並為其設想的人，才適合成為領導者。

領導者的行為和態度，無論好壞，影響都不會只停留在領導者一人身上，而是遍及團隊或組織。所以領導者的人格與本性才如此重要。

1973年1月，以崇高目標勉勵幹部的稻盛。

原理原則

042

大自然的安排

只要某種物質存在，它就是構成宇宙的必要物質，也就是一項必要的存在。

——《稻盛和夫的哲學》

萬物皆拼命求生存

稻盛曾說，只要是普遍存在於宇宙的東西，它就是構成宇宙所不可或缺的存在。對宇宙來說，不僅是人類，就連路邊的一根雜草也是必須存在的生命。我們可以說，雜草為了宇宙的圓滿完整，很認真地活出自己。

某年早春，稻盛在自家附近散步，看到石縫中長出的雜草。縱使石縫間僅有極少的土，但雜草仍使盡全力，吸收春天的氣息，伸出嫩芽。相信不久後，雜草也會開花結果。在陽光的照射下開花、結果、準備繁殖新個體，然後枯萎死去。這就是植物的一生。

路邊的雜草也會互相較勁，為爭取陽光而挺直腰桿。它要努力伸展，才能比別的雜草照到更多陽光，藉光合作用長大茁壯。若能讓雜草自由生長，它們

在盛和塾講座，熱心指導學員的稻盛。

將會彼此競爭，迅速長成茂密的草叢。但雜草並不會去打壓其他個體來使自己茁壯，只是專注地為自己的生長而努力。植物也好，動物也罷，天地萬物若不竭盡全力便無法生存。稻盛說，這就是大自然的定律。

「比別人更努力」是稻盛對自己的期許，因為除了拼命努力，別無他法。

就像雜草的例子，這在自然界是理所當然的定律。因此，自然界的萬物——不論是動物、植物或其他存在的個體，一定都會竭盡全力地生存下去。

但是，當我們聽到「要比別人更努力」、「要拼命活下去」時卻有異樣感受，好像能夠做到的人，是因為他們有什麼特殊才能似的。

如果我們仔細觀察大自然的法則，就會發現這一點也不特別。「大自然的法則」告訴我們：即便過著平凡的人生，也必須認真努力地活下去。

京瓷創業時，全體員工都有「必須不顧一切地努力才能生存」的共識，大家每天從清晨拼命工作到深夜，公司才得以一路成長至今。但稻盛認為，對照大自然的法則，「這根本沒有什麼特別的」。

在人生中，「拼命努力活下去」是理所當然的事。正是自然地做理所當然的事，才造就了今天的京瓷。

原理原則

043

明確的目的與持續的力量

如何定位經營的目的很重要。我認為要盡可能提高層次。

——《經營者人格的14堂課》

原理原則

044

不是「反省」一次就好，務必要反覆進行。

——《成功與失敗的法則》

原理原則

045

我們生在世上、存在於世上都是必然的，存在本身就有其價值。

——《稻盛和夫的哲學》

原理原則

046

認定自己「必須誕生」，就能體會生命的意義、欲望及使命。

——《稻盛和夫的哲學》

原理原則

047

我們應該更有效地運用「因果報應法則」來改變「命運」。

——《稻盛和夫的哲學》

改變命運的法則

本章討論了工作、經營管理、人生，乃至宇宙中必然存在的原理原則。這些原理原則中，有些如命運雖早已有定數，但它卻也不是必然發生的定律，因為還有因果報應法則可以扭轉命運。但是，因果法則不像一加一等於二那樣簡單清晰，馬上就能得到合理結果。因此，日積月累的行善利他才是最重要的。

但是，為什麼行善就能改變命運？稻盛以基本粒子演化成高等生命體為例，他認為在宇宙形成的過程中，有一股宇宙的意志推動著一切，那就是「善意」。宇宙中的人類等生物和無生物，都被這股意志帶往「善的方向」——這也是因果法則（善有善報）之所以成立的原因，更因為它順應著宇宙真理，才能擁有改變命運的力量。

第3章

思考方式

貫徹思考直到看見

只有自己心中呼喚的東西，才會出現在實現範圍裡。假如從沒有想過，那本有可能發生的事也不會發生。

——《生存之道》

思考方式

049

不要只是空想「要是那樣該多好」，必須懷有強烈的期望。無論醒著或睡著，要不分日夜地持續深入思考。讓「思緒」從頭頂到腳趾遍布全身，彷彿血液一般，割開皮膚就會溢流出來。

——《生存之道》

思考方式

050

計畫一件事，（中略）就要「不斷思考直到看見為止」，因此必須要維持思考的強度。

——《生存之道》

具體想像

在第二章，我們說明了「人生、工作的結果＝思維×熱誠×能力」的原理原則，尤其強調「思維」的重要。一個人不只是行為，他思考的事及內心想法都會成為現實。反過來說，你現在的生活，便是你內心想法的落實。本章就要更深入地探討「思維」。

我們總是空想一些願望——想成為○○、想完成××，但往往就只是嚷嚷「要是這樣該多好」，僅止於幻想。當我們想要實現夢想時，首先應該要做什麼？答案是，應該要將自己希望實現的事物，仔細具體地想像一次——貫徹思考是非常重要的前提。

稻盛在京瓷的經營上軌道後，轉身投入過去由NTT（前電電公社）獨占市場的通訊事業。為了改善當時日本過高的通訊費，稻盛以國民利益為考量而義無反顧地投入通訊業。他在一九八四年創立了DDI，之後於二〇〇〇年將KDD與IDO合併，在日本國內僅次於NTT、晉身全球十大的綜合電信公司KDDI就此誕生。

稻盛預見「隨時、隨地、任何人」都會用行動電話來交流的時代必將來臨，因而投入行動電話事業。當時的稻盛已經預測到，未來無論男女老少，每一個人都會帶行動電話，而每一支電話都需要電話號碼。然而，這些都不只是稻盛的空想，他甚至可以「看見」行動電話的發展性、普及率、價格與市場等的具體雛形。

所謂具體「看見」並不是自己任意想像。當時，京瓷正在開發半導體零件，稻盛透過此事業，相當了解半導體技術革新的速度、尺寸及成本變遷等知識，並由此精準地預測了行動電話的未來發展。更驚人的是，他連行動電話的

2000年10月，DDI、KDD、IDO三家公司合併為KDDI。稻盛為KDDI的榮譽會長（右起第二人）。

價格、簽約金、通話費、月租費等費用設定都有具體的計畫。

不要只是憑空想像，要熱切思考、「深入想法直到看見」，具體描繪出想法的全貌。

思考心境與現實

負面思考就會引來負面現實。

——《生存之道》

人生取決於思考方式

這個世上除了命運，還有因果報應法則。在前章中，我們以「原理原則」說明一個人的思考方式、行為將會帶來好或壞的結果，甚至可以改變命運。

稻盛之所以領悟到因果法則，即「想法會改變現實」這個單純的真理，是因為他曾罹患當時被當成不治之症的結核病。

就在即將升上國民學校高等科那年，稻盛從當時的滿洲（中國東北地方）回國，與借住家中的叔叔兼同住一個房間。某日稻盛似乎因頭蝨感染而發燒，母親擔心他可能染上結核病，因此帶他去醫院診查，而診斷結果是他有結核的初期症狀：肺浸潤。

稻盛有三個叔叔，曾經住在稻盛家附近的叔叔與嬸嬸都因結核病雙雙過世，三叔也因咳血而在家療養。當時，人人都對這個「不治之症」避而遠之，而稻盛家出了這麼多結核病人，也遭到街坊鄰居的指指點點，說「稻盛家都是結核」。因此稻盛的母親才會第一個就懷疑稻盛是否染上結核。

有一天，稻盛躺在陽光充足的外廊時，聽到鄰家太太隔著圍牆對他說：「和夫，你今天還好嗎？」

隔壁住著一位公車司機和他的太太。鄰家太太可能是看他小小年紀就臥病在床實在可憐，便拿了一本書借他。那本書是宗教團體「生長之家」創始人谷口雅春所寫的《生命的實相》，而鄰家夫婦是「生長之家」的信徒。

稻盛第一次讀宗教書，他回想當時讀那本書的感受是：「一字一句就像將水淋在乾涸的土地般，馬上就吸收進去了。」

書中還寫道：「我們的心裡有一顆吸引災難的磁石。人之所以會生病，是因為有吸引疾病的軟弱心靈。」稻盛看到這段，恍然大悟自己之所以生病的原

谷口雅春著《生命的實相》，此為稻盛閱讀的復刻版。

因。

當時，罹患結核的叔叔住在稻盛家附近療養，而稻盛因為害怕被傳染，每次經過叔叔房門前都捏著鼻子快跑過去，但父親和大哥卻完全不擔心被傳染。

結果父親和大哥沒事，反倒是嫌棄叔叔生病而躲避的他染上結核——因為他一直想逃避，那顆擔心生病的心反而招來了疾病。

我們心裡思考的事，全都會實現。就像這一節所說的，「負面思考就會引來負面現實。」稻盛生病的經驗，正應驗了這個道理。如果你希望人生好轉，首先就要努力改變思考方式。

思考方式

052

意志克服命運

我確信人的命運並非照著鋪設好的軌道運行，而是能根據自己的意志，導向或好或壞的方向。

——《生存之道》

改變人生的意志力

稻盛的半生已經證明人的思維可以改變命運。

當年稻盛的結核病雖然幸運地痊癒了，但之後他仍經歷了一連串的挫折和失敗。稻盛曾報考大阪大學醫學院，卻不幸落榜，於是轉而報考考試時程較晚的鹿兒島大學工學院應用化學系，專攻有機化學。

然而，當他畢業時，由於正逢日本經濟不景氣（因應韓戰軍需所帶動的一波經濟榮景正好告一段落），稻盛遲遲找不到工作，每天忿忿不平：「這個社會太不公平了，沒工作乾脆去混黑社會好了。」

幸好後來總算靠大學教授推薦，進入第一章介紹過的松風工業。但是，松風工業專門製造絕緣礙子，嚴格說來是屬於無機化學。由於公司說需要瓷器專業背景的學生，稻盛才趕忙去請教無機化學的教授，花半年的時間寫完有關黏土的畢業論文。

不料這家公司竟長期拖薪、隨時都可能倒閉，眼看著同期的同事一個個離職跳槽，到最後只剩下稻盛一人。

在進退兩難的窘境下，他反而完全改變了自己的想法——他決定不再怨懟人生，決心好好面對眼前的工作。

在第一章也曾提過，稻盛帶著鍋盆器具到研究室，日以繼夜地進行實驗，而他的工作成果也有如反映了稻盛的心境變化——他的研究陸續展現出成果，並受到公司肯定。他漸漸感覺到工作的樂趣，也越來越投入。

稻盛成功研發出新陶瓷材料鎂橄欖石的合成技術，在當時是日本首度、世界第二的創舉。這項研究成果開始普遍運用在電視映像管電子槍的U字型絕緣材料，不久後公司就開始接獲大量訂單。

鹿兒島大學時代，與工學院的同學合影。前列右為稻盛。

回顧當時，稻盛這麼說：「這件事讓我一下子備受肯定，我甚至對薪水遲付一點也不在意，只覺得工作非常有趣，人生很有意義。多虧當時學到的技術和打下的業績，才能有日後的京瓷。」

如果當時稻盛與同期的同事一起怨懟不平、辭職的話，就沒有今天的成功了。

稻盛之所以能扭轉懷才不遇的人生，正是因為他開放心胸、改變對現實和社會的思考方式。

反過來說，也是因為稻盛的個人想法，才招致了過去的挫折和不幸。這個經驗讓稻盛堅信，人可以靠自己的意志去改變際遇。

思考方式

053

工作的喜悅

工作的樂趣就潛藏在超越痛苦的地方。

——《生存之道》

在鹿兒島城山。攝影：菅野勝男

人會因為工作而改變

近年來，尼特族——指不做家務、不上學、不就業的年輕族群（十五歲至三十四歲），已然成為日本社會的一大問題。根據日本厚生勞動省自二〇〇二年到二〇一四年的統計調查，估計有超過六十萬人次的年輕無業者。此外，也有其他調查發現正值壯年（二十歲至四十九歲）的國民當中，約有三十二萬戶家中有人繭居。

選擇當尼特族或繭居族的人或許各有苦衷，但逃避工作的風潮也確實不容忽視。雖說現在社會大眾也越來越重視工作之餘的閒暇時間，但真正能夠充實人生的並不是休閒嗜好或娛樂，而是專心一意地工作才對。換句話說，就是「勤勉」。唯有勤勉地工作，才能豐富人的精神，培養人格的深度。

工作不像嗜好或娛樂那樣輕鬆簡單，必須長期不懈地努力，甚至歷盡艱辛。但是，辛勞之後得到的喜悅，也絕不是玩樂所能比擬的。沒有任何事物可以取代一個人專注於工作、克服困難後所享受的成就感。

現在的年輕族群興起一股好逸惡勞的風潮，這表示他們不懂得體會成就感所帶來的喜悅。沒有體驗過成功的人，無法從人生中學習到任何事。

藉由工作才能獲得這種成功體驗。那股追求成功的企圖心，會促使我們產生更多創意。所謂擁有「充實的人生」，便是指當創意實現的那一刻，我們能由衷感受到自身生命價值的喜悅。古希臘哲學家亞里斯多德曾說：「懂得享受工作的愉悅時，成功便已在其中。」在艱苦的當下，工作還不完美；感受到勞動喜悅時，工作才算完成——這就是充實感。現在請盡量專心投入眼前的工作，人會因為工作而改變——投入工作，才能開創人生。

思考方式

054

勞動就是修行

認為勞動只是「為了獲得生活糧食的物質手段」實為謬誤。

——《生存之道》

在松山市內托缽的稻盛。攝影：菅野勝男

為磨練心志而工作

上一節說到工作可以豐富人的精神，培養人格的深度。由此看來，勞動可說是一種「修行」。

一般人多認為勞動就是賺取薪資、養家餬口的手段，但其實不只是這樣而已。勞動應該能使人成長。若是將勞動看作修行，我們便是藉此來實現自我。

例如，日本稱禪寺裡修行的和尚為「雲水」。雲水在禪寺中不只是打坐，也需要做日常生活中的所有雜務——從準備餐食到灑掃庭院等。對禪宗而言，這些例行公事等同於打坐修行。換句話說，專心做好日常生活的庶務，與聚精會神地坐禪之間本質上並沒有差異。

正所謂勞動就是休息，禪宗認為人可以藉著日常生活的勞動而開悟。

提升、磨練心靈的最高境界就是開悟。在佛教中，開悟必須經過俗稱「六波羅蜜」的六種修行。

六波羅蜜是指「布施」、「持戒」、「忍辱」、「精進」、「禪定」、「智慧」等六種修行。第一項「布施」，指要具有為世人貢獻的利他之心。第二項「持戒」，指要戒除惡行，謹守戒律，並克制煩惱和欲望，拋開貪、嗔、痴三毒。第三項「忍辱」，指不畏艱難，忍耐痛苦。第四項「精進」，指人要勤勉，凡事都得專心投入、全力以赴。第五項「禪定」，指我們要聚精凝神、沉澱心靈，遠離庸擾的日常。第六項「智慧」，則是指透過上述五種方法努力修行，就可獲得真理，達到開悟的境界。

雖然六波羅蜜是佛家教誨，但並非與我們的生活無關。我們可以藉著實踐六波羅蜜，磨練自己的心志。反過來說，留意這些修行，可以改變我們對工作和人生的態度。

思考方式

055

利他精神

出了社會還總是期望別人幫助是不可取的。

——《生存之道》

貢獻世界

京瓷成立第三年，因高中學歷的員工們提出改善待遇的「請願書」，讓稻盛重新思考經營公司的目的。年輕社員打算為公司付出一生，既然如此，公司的經營目的就不能只是利己。稻盛反省過後，決心貫徹利他精神，並以此作為企業理念。

還有另一件事，使稻盛更加體認利他的重要性，即一九八一年，稻盛獲頒「伴紀念賞」，以肯定他對陶瓷業的貢獻。

「伴紀念賞」是東京理科大學的伴五紀教授為表揚在技術開發方面有所貢獻者，所創設的獎項。

伴教授一生取得多達兩千四百件專利，他不僅潛心研究，更開發了多種商品，對日本的產業發展有極大貢獻。

伴教授常說到「智價礦脈」這一概念。畢竟，地下礦脈（也就是天然資源）終究有限。因此，就算日本缺乏天然資源，但其「智價礦脈」卻取之不盡。不過，既然叫做礦脈，不挖掘出來便毫無價值。日本人要挖掘出唯一的財產——「智價礦脈」，才能得到全世界的尊敬與感謝。

基於這個理念，伴教授用自己專利權所取得的權利金設立了獎項，表揚卓越貢獻者。

伴教授是一位很特別的研究者暨發明家，他主張：「製作產品會與各種人產生關連，為人設想周全的商品才會受歡迎。畢竟，商品的創造者、生產者、銷售者、使用者都是人，因此我們當然要對人進行總括性的研究。」因此，只要有空，他可以一天去好幾家咖啡廳，聆聽別人的聊天內容，找尋商品的開發靈感。

在帶廣的演講會後搗年糕的稻盛。

稻盛最初只是單純為得獎感到高興，後來知道這個獎項設立的初衷，以及伴教授的人品後，稻盛深受啟發——他自覺不該只是站在獲獎的立場，而是應該轉而從授予的立場去推動理念。

稻盛找了好朋友——京都大學的矢野暢教授討論「發起表揚事業」一事，矢野教授也非常贊同：「這個想法很好，既然要辦，就辦個像諾貝爾獎那樣的全球性獎項吧。」當時的京瓷副社長、前能源廳長官森山信吾也非常積極地說：「打鐵要趁熱，先成立基金會吧！」便率先進行籌劃。

於是，稻盛便在一九八五年設立了「京都賞」。稻盛投入私人財產，成立了稻盛基金會，授獎表揚對尖端科技、基礎科學，以及思想與藝術等領域有傑出表現或貢獻的人物，直至今日此獎項仍在繼續頒發。

思考方式

056

至關重要的哲學

人生會因為是否擁有美好的思考方式，也就是人生哲學，而有很大的差異。

——《經營者人格的14堂課》

必須確立哲學

思考的方式能改變人生。因果法則告訴我們善有善報，因此即使上天決定了不好的命運，善念善行也能將命運導往好的方向。所以說，一個人的思考方式會為他的人生帶來很大的轉變。

稻盛說人生一定要有哲學，而思考方式就是哲學。本章以稻盛的前半生經歷說明了一個人的思考方式可以改變他的態度，也會改變周遭環境。這不是空泛的說法，而是已有實際經驗證明的生命哲學。

稻盛從技師變成公司的經營者，他認為公司反映了經營者的器量。經營者固然要懂財務和會計知識，也必須重視技術層面，但是「如果沒有崇高的思想或人生觀，絕不足以服人。想要經營得有聲有色，就必須好好琢磨自己的思考方式、人生觀與哲學思維」，因此稻盛決心要好好重視哲學。雖然指導各種技術或禮節也是員工教育的一環，但對企業來說，全體員工的共識才是最重要的。一九九四年，京瓷為紀念創立三十五周年，印製了將京瓷經營哲學歸納成冊的《京瓷哲學手冊》，並發給全體員工。稻盛在手冊的開頭寫道：

「我以人心為依據來經營公司。儘管人心容易動搖又不可靠，但只要能維繫堅定的信賴關係，這樣的關係就會變得無比強韌又值得依靠……京瓷哲學是一套經過實踐而得出的人生哲學，其基本思想就是『為人的正道』。一直以來，我都主張如果能以這樣的生活態度面對人生，每個人都能得到幸福，公司也會更加繁榮。對這個想法有所共鳴的各位同仁都相信人類有無限可能，並努力不懈，才造就了今天的京瓷。」

以這樣的哲學為基礎來經營公司，加上全體員工的努力，才成就了京瓷今日的發展和繁榮。

《京瓷哲學手冊　第一集》。（1967年12月發行）

而在稻盛一手統籌重建的日航，重建的第一步就是改革全體員工（包含經營階層）的思想。以「京瓷哲學」為範本，列舉了四十項的「日航哲學」是全公司共同的價值觀。全體員工謹守「日航哲學」並付諸實踐，才能在重建之後保持穩健經營至今。

不管在人生或工作崗位上，最重要的是你的「思考方式」，也就是「哲學」。

思考方式

057

成就新事物

不依賴就是自由。不要依賴他人，要依賴自己。

——《經營者人格的14堂課》

思考方式

058

假如抱持著「因為什麼都沒有，所以無法完成」的觀念，那就不可能成就新事物。

——《經營者人格的14堂課》

在故鄉鹿兒島城山。攝影：菅野勝男

無賴的人

不管是在商場上，還是在學術、藝術、科學等領域，我們應該要怎麼做，才能達成新的成就？

答案是，做從未做過的事。要激發創造力，就不能拘泥於過去的經驗。當我們試圖完成創舉時，前方總是困難重重。但是，最重要的是堅定自己的意志，大步邁向自己認為正確的道路，絕不妥協。

稻盛說「必須要有某種程度的無賴性」。「無賴」這個詞，乍看之下，會以為是形容那種粗魯又自我、行為無法無天的人。舉例來說，在價值體系一夕崩潰的戰後日本，文學界興起一群質疑既有價值觀的無賴派，代表性人物有太宰治、檀一雄、坂口安吾等人，他們的作品貫徹了「無所依賴」的無賴精神。

但一般人似乎只關注他們離經叛道的軼事，並沒有好好理解「無賴」的意思。

所謂「無賴」，不是指只會依靠比自己強大的，而是覺悟除了自己以外，沒有其他可依賴的對象。唯有憑自己的意志去追求，才能真正創新。先前說過，堅守正道的重點在於具備堅定的思維。當我們打算創新時，往往因為「缺這個，缺那個」而遲遲無法起步。既是創新，就是要做別人沒做過的事，因此沒有前例、一無所有是很正常的。

即便一無所有，若仍強烈地希望能夠實現夢想，該做些什麼？要如何調度必要的人才、技術、資金、設備？上述情況都需要經過具體考量。必須鉅細靡遺地斟酌，才能夠實現強烈期盼的事。這時能夠依賴的，只有自己。身旁的人可能會問：「有勝算嗎？」或許還有人會善意地勸阻。但創新本就是孤獨。因為顧慮別人而止步，就無法完成目標。比起那些顧慮，更應該要重視自己的願望和想法。

思考方式

059

自我約束

獨處時，這些脱口而出的話，能使我約束自己。

——《成功與失敗的法則》

「不像話！」「笨蛋！」

稻盛每天早上站在洗臉台前，都會反省自己前一天的言行舉止。如果有自己無法容忍的事，他就會對著鏡子喝斥：「不像話！」「笨蛋！」當他回到家中，或是飯店的房間準備就寢時，也會自我反省說：「老天爺，對不起。」

人無完人，每個人都會犯錯。但只要能坦率地反省、不重蹈覆轍，這樣的努力便得以磨練人性。

反省自己的言行舉止，就是在重新思考、改變自己的「想法」。唯有每天反省，時時戒慎利己之弊，才能提升人格。

思考方式

060

企業管理的必要條件：品德

企業要永續經營，唯有以「德」服人一途。

——《成功與失敗的法則》

經營心法：換位思考

每個經營者都希望公司業績良好，並能永續經營。為了使公司永續繁榮，經營者可能藉由規劃新事業來活絡公司，或透過企業合併與收購（M&A）使公司壯大，抑或考量市場現況，研擬不同對策。

但稻盛認為，「品德」——即正確的為人心態，才是企業永續繁榮的基石。

日本的品德觀源於中國。自古以來，中國就以「仁」、「義」、「禮」三字來解釋品德——「仁」是以慈愛對人；「義」是講求道理；「禮」則是舉止合宜。以「德」為治即指以高尚的人格來統領團隊。

品德思想最早可以追溯到中國的春秋戰國時代，那是以孔子為首的諸子百家等聖人賢者闡揚「為人之道」的時代。在世道紛亂、朝代興衰交替的世代，民心也隨之萎靡頹喪。人心紛亂，就意味著利己之人越來越多，而「品德」正是為了約束那些人所產生的教誨。

品德雖是從中國傳到日本，但觀察今日東亞的情勢，日中之間不僅政治關係惡化，連經貿關係，甚至日常生活中都暗藏隱憂。如今，中國的經濟急速發展，甚至已超越日本，成為GDP排名世界第二的經濟大國。但由於中國採行社會主義市場經濟，造成貧富懸殊擴大、貧窮階層增加、環境汙染惡化等各種社會問題。稻盛多次到中國參訪，向當地的經營者闡揚以「品德」為本的經營哲學。一位中國籍經營者表達了他的感想：

「我們雖然知道古聖先賢傳留下《論語》這部典籍，但那些哲理艱深難懂，因此從沒想過能具體實踐於日常生活中，結果那些人生智慧只淪於壁上的裝飾掛軸。而您卻使那些思想復活，以通俗用語淺顯地解釋了那些晦澀複雜的

全心全意宣揚理念的稻盛。攝影：菅野勝男

概念。」

由此可見，在利己主義蔓延造成社會問題的中國，「品德」教育又再度受到重視。

同時，這也意味著中國的經營者已經意識到：利己主義式的經營難以使企業永續繁榮。

現今世界上經濟發展最快速的中國再度重視品德，是一個深具啟發性的現象。

在多元語言和文化的世界，以利己主義為本的經營模式只會引人反感，所以才要學習「換位思考」、以品德為本的經營心法。

這也提醒了企業應該採行何種對策，才能活躍於日益擴大的全球經濟當中。

思考方式

061

品格比才智更重要

居高位者，應重視其品格更甚於才智。才智越出眾的人，切勿自滿於才，錯用自身優勢，必須控制自己才行。

——《生存之道》

愛自己最不可取

上一節談到企業經營必須以「品德」為本，而「品德」簡單說就是「為人的正道」。而稻盛標榜以「身而為人，何謂正確？」作為企業經營的判斷基準，也是基於同樣的認知思維。是否具備上述思維，將決定一個經營者的能力與熱誠能否朝著正確的方向發揮。

有些經營者，誤以為公司能成功壯大、股票上市，是自己才智的功勞。這種人心裡只想著：「多虧了我，公司才能這麼成功，多拿點分紅也是應該的吧。」更有許多經營者將原本應該回饋給員工的紅利拿去揮霍。電視上常有介紹經營者豪宅的特別節目，那種經營者實在令人匪夷所思。如果他們比別人優秀，就必須思考：「我為什麼會有這樣的才能？」

稻盛說：「才能是上天賜予領導者的資質，以便領導者帶領團隊得到幸福。」

天生有才能者，甚至因此而居上位的人，絕對不能只愛自己。像前述的那些得意洋洋的大富豪，都是以自身利益為優先，因此終究不能贏得人心。

稻盛尊敬的明治英傑西鄉隆盛曾在遺訓中說道：「愛己為惡之首也。不能修業、成事、改過，且誇功生驕慢，皆因愛己而為，絕不可偏私愛己也。」（摘自遺訓第二十六條）

換言之，「愛自己，只在乎自己而不管別人是最不可取的。因為愛自己，所以不能學習、無法成就事業，更不懂反省改過，只懂得誇耀自己的功勞。做人絕對不能自私自利。」

而遺訓第三十條又說：「不要命、不要名，亦不要官位與錢財之人，實難應付也。唯此難應付之人，方能共艱難以成國家之大業。」喻指唯有拋開私

於稻盛基金會，歷代京都賞獲獎者的照片之前。攝影：菅野勝男

心——不貪惜生命，也不求名利、地位與金錢的人，才能成就大事。重點在於，不追求私利私欲，而是擁有一顆無私的心。

這也是居上位者，也就是領導者，能否通曉大局的判斷標準——是否臻至無私的境界。

能成就大事的領導者都不會被無謂的私心左右，凡事都能公正以對。

西鄉隆盛正是這樣的人物，才會至今仍受眾人尊敬仰慕。

思考方式

062

「想要工作」的強烈欲念

無論如何都想工作的欲念就像決堤一般敦促自己盡速行動。

——《經營者人格的14堂課》

燃燒的鬥志

信念越強，就越能實現自己所想的事。這點歷史上已有證明。

例如日本在第二次世界大戰後，百廢待舉，所幸多位難得的領導者，帶領民眾重建家園，振興國家經濟。比如，松下電器創辦人松下幸之助、本田汽車創辦人本田宗一郎、索尼公司創辦人井深大等，這些罕有的經營者心中都懷抱著一個強烈願望：「無論如何就是想工作。」

稻盛稱此為「燃燒的鬥志」。戰後日本的經營者就憑著這股「燃燒的鬥志」，帶領公司發展壯大，造就了高度經濟成長。

稻盛創立京瓷後不久，曾經參加本田宗一郎擔任講師的經營講座。

本田原本經營著一間汽車修理工廠，僅靠自己就建立起代表日本的汽車王國。據說本田年輕時脾氣非常火爆，若在現場抓到有人混水摸魚，絕對嚴加制裁，毫不寬待。他曾經公開表示：「我就是想賺錢才會當老闆。愛錢當然是因為愛玩啊。」其豪爽的個性也頗為人所稱道。

稻盛參加的是三天兩夜的經營講座，地點在一家溫泉旅館。講座費用高達數萬圓，這在當時是很大一筆錢。稻盛不顧周遭的反對，一心想參加講座，直接聆聽本田宗一郎分享經驗。

參加者們來到溫泉旅館，紛紛換上浴衣，在大宴客廳等待本田到場。不一會兒本田來到會場，看起來應是從濱松工廠直接趕來，身上還穿著沾滿油漬的工作服。他看到學員都穿著浴衣，便不客氣地當場訓斥：「你們到底是來做什麼的？不是應該來學習經營，怎麼還有時間在這裡泡溫泉？不如趕快回公司工作。泡泡溫泉、吃吃喝喝的能學到什麼？這就證明了經營不必靠誰來教！連我都能經營公司了。所以你們該做的只有一件事，就是趕快回公司努力工作。」本田

在盛和塾交流會上，認真答覆學員提問的稻盛。

還說：「哪來的傻瓜，付這麼貴的學費來學經營。」稻盛聽了本田的毒舌發言，心裡反而更加佩服，「好，我這就趕快回公司上班。」

稻盛就這麼燃起鬥志，懷著強烈的願望投入經營。

請在心裡明確勾勒出公司五年、十年後的模樣。比如，稻盛就說他的想像甚至清晰到是彩色的，與現實沒有兩樣。正是基於如此熱切地思考，工作才得以成功。

思考方式

063

為了實現願望

若從不可能的情況下出發，抱著必死決心努力，直到上天伸出援手，最後終於成就大業。那就表示，原本輕易承諾的「謊言」也能結出真正的果實。

——《生存之道》

思考方式

064

計畫一件事，從想像開始。最重要的是，必須懷著無人能比的強烈意念、急切焦灼的熱誠，祈願計畫實現。

——《生存之道》

思考方式

065

時常積極地思考有建設性的事物。要心懷感謝，與大家同心協力。樂觀且積極。充滿善意、為他人設想、懷著一顆溫柔的心。竭盡所能地努力，知足、不自私、不強求。

——《生存之道》

深入思考，透徹反省

為了成就事物、改善現實，一個人的「思考方式」至關重要。因此，我們必須懷有「燃燒的鬥志」般的強烈信念。想盡一切辦法，善盡人事，最後再以拼死的意志努力不懈，就能實現願望。

但是，這股意志很有可能傾向利己、獨善，所以我們要每天自省是否為了滿足私利私欲。

稻盛除了意志比別人強大，更遵從「為人的正道」的原理原則，每天自我反省。「燃燒的鬥志」係以「品德」為本，所以願望才得以實現。

第4章

成功與失敗

066

比誰都努力

再也無能為力的感覺只不過是過程當中的一點。只要竭盡全力堅持到極限，絕對能成功。

——《生存之道》

全力衝刺四十二．一九五公里

常聽人說人有「火災現場逃生的爆發力」，意味著人往往會不自覺地限制自己的能力。換言之，我們其實都蘊藏了一些平常不會發揮的能力，即「潛能」。分子生物學家、筑波大學名譽教授村上和雄運用他的專業，簡單地解釋了這個現象。

我們平常並不會發揮自己的潛能，而是處於危急或極限狀況時才會發揮。也就是說，發揮潛能的基因在平時是不會作用的。反過來說，若將開關開啟，就能在平常也發揮出如「火災現場逃生的爆發力」般的潛能。那麼，到底該如何開啟潛能的開關？

據說正向思考、進取的想法、積極態度等向前進的精神狀態和心境，都極有助於激發潛能。換句話說，包含上一章也曾經提到的熱切期盼、正向思考，其影響甚至可達到基因層級。

京瓷創業短短十年，就晉身股票上市公司，這是稻盛及全體員工幾乎每天勇敢挑戰極限，激發出內在潛能，努力達到終點所獲得的成果。

無論多麼困難的訂單，他們都能爽快地回覆：「好的，沒問題！」他們相信未來的可能性，勇於挑戰現階段還無法勝任的產品開發任務，勞心勞力直到完成任務、順利交貨。終於，京瓷成為世界第一的精密陶瓷企業，以技術為核心朝向多元發展，時至今日已是營業額將近兩兆圓的大企業。

這些都是全體員工付出無比的努力所換來的成果。

就像跑馬拉松，京瓷的員工在起跑後總是想保持高速全力衝刺，當中難免也會有人質疑：「真的能維持這速度一直到最後嗎？」不過，稻盛對員工這樣回答：

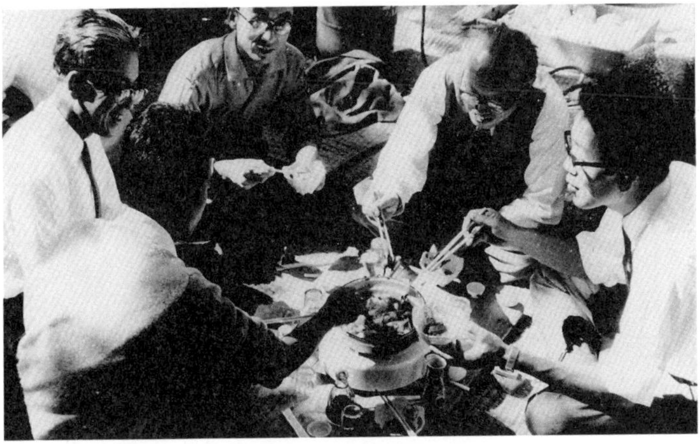

1963年，稻盛（照片右）與社員在滋賀最初開設的工廠後院。

「在戰後起跑的日本經營競賽、企業馬拉松當中，京瓷比別人慢了一圈。戰後日本產業界爭霸賽始於一九四五年，而我們一九五九年才創業加入，比其他企業足足慢了十四年。以距離來說，我們與領頭企業差了十四公里。在落後這麼多的情況下，必須跑完四十二・一九五公里（全程馬拉松的賽距）才能定出勝負。我們這種小公司，要是漫不經心地跑這十四公里，要怎麼跟一流企業決勝負？必須要全力衝刺啊！」

之後京瓷快速發展，短短十年左右便在大阪證券交易所第二部成功上市，更在三年後成為東證一部上市公司。京瓷在一部上市後，隔年它的股票價格便超越索尼公司，躍升為日本第一。

不自我設限，再加上無人能比的努力，這就是成功的祕訣。

成功與失敗

067

愛上工作

「喜歡」才是最大的原動力，無論是意欲和努力，或通往成功的路徑，全都是源自「喜歡」這個母體。

——《生存之道》

成功與失敗

068

無論什麼領域，成功者都是陶醉在自己所為的人。

——《生存之道》

抱著自製產品睡覺

說到熱切期望，相信只要談過戀愛的人一定都懂——談戀愛的人可以毫無顧忌地做出令人吃驚的事。其實工作也一樣，愛上工作的人，無論多麼辛苦，他也可以咬緊牙關撐下去。

活躍於「The Blue Hearts」、「The High-Lows」、「The Cro-Magnons」等熱門搖滾樂團、廣受年輕人歡迎的搖滾歌手甲本浩人曾被問到：「只要享受就好了嗎？」他回答：「享受和輕鬆是正好相反的兩回事，要享受就絕對輕鬆不了。」凡事只要涉及專業，就注定辛苦。但若能懷著「再辛苦都沒關係、只要真心喜歡」這般熱切的心情，那麼無論多麼困難，都還是能享受當下。不過，辛苦這點並不會改變，過程也一定不輕鬆。但若是怕吃苦而選擇輕鬆的事，那就絕稱不上「喜歡」。對稻盛來說，只要是喜歡的工作，再辛苦也無所謂，而且若能夠為此努力不懈，凡事幾乎都會成功。比方說，他熱愛工作的程度已經到了「擁抱自己的產品入睡」。這是稻盛創立京瓷不久後的趣事。

當時，稻盛剛接下一筆水汽式雙層蛇管（用於冷卻播放機器內的真空管）訂單。對於只做過小型產品的京瓷來說，蛇管體積實在太大。此外，要包在大真空管裡的小冷卻管，其構造相當複雜。京瓷從未製造過，也沒有相關生產設備。但稻盛經不住客戶一再請託，便答應接下訂單。既然接下了，就不能辜負客戶期望。蛇管的原料雖是和一般陶瓷器一樣的黏土，但由於尺寸大，要讓產品均勻乾燥非常困難，加上若乾燥不均，就會產生裂痕——這樣的失敗一再發生。此外，因為乾燥時間過長，尺寸太大的產品還會因本身的重量導致變形。經過各種試錯，稻盛決定「抱著它睡覺」。他在燒窯附近找一個溫度適當的地方躺下，抱著蛇管，一整晚慢慢轉動它，防止它變形。稻盛回想當時的心情，

京瓷創立十周年紀念典禮。這年（1969年），京瓷成功開發出半導體用的多層陶瓷基板，公司規模急速擴大。

像是父親期盼孩子長大般，「很想把產品做好」。

最後，稻盛終於成功製造出蛇管、順利交貨。那麼，我們有沒有這麼熱愛工作，「抱著自己的產品睡覺」呢？當你愛上工作，就算碰到再難的問題，你也能不厭其煩地挑戰、直到成功為止——這就是工作的醍醐味。當陶醉於工作中，成功的榮耀就在眼前。

069

心中有信念

遇到心中沒有信念，只是一味迎合部下的上司，絕非年輕人之福。對年輕人來說，跟隨這種上司做事可能很輕鬆愉快，但卻會使他們沉淪墮落。

——《經營者人格的14堂課》

成功與失敗

070

在彼此較勁的工作戰場上，成就新事物的人就是相信可能性的人。

——《經營者人格的14堂課》

大善與小善

佛家有「大善」與「小善」兩種說法。

天下無不疼愛孩子的父母，但若因為疼愛而寵溺孩子，養成孩子長大後凡事都不在乎的性格，可是會耽誤孩子一輩子。日本有句俗諺：「愛孩子就讓他出門歷練。」意指嚴格教育、正確規範孩子的行為，才是真的愛他們。如此教養下成長的孩子，才能走上美好的人生。

我們說前者（寵溺孩子）是「小善」，後者（合理管教）是「大善」，也可以說「小善如大惡，大善似無情」。

假設有兩位上司，一位善於傾聽部下的意見，總是為年輕下屬安排容易完成的工作；另一位則是經常斥責部下，凡事嚴格要求。站在部下的立場，說話刺耳的上司肯定惹人討厭，和藹的上司多半比較受歡迎。但是，以長遠的眼光來看，經常挑戰部下極限、要求嚴格的上司，反而能激發出部下真正的實力。部下經過這樣的磨練，能力也會大幅提升。

其實，罵人是很難、很耗費精力的事，不單單只是責罵者一味發洩憤怒而已。因為上司堅持信念，希望部下能有所長進，才會說出那種嚴厲的話語。這就是大善，是真正關愛的表現。

近年來，社會上有出現權力騷擾等問題，但那只是上司在洩憤而已，不是為了部下著想。

領導者必須要有培養人才的信念，並清楚知道如何激發出部下的潛能才行。

1982年，京瓷的經營方針發表會後的誓師大會。

成功與失敗

071

「得償所願」才是人生

勾勒美好願景的人就能開創美好人生；打壞心眼的人，人生也不會順遂。這就是宇宙運行的法則。

——《生存之道》

成功與失敗

072

認為「人生總是事與願違」便只會吸引這樣的結果，不能如願的人生其實就是他心念的體現而已。

——《生存之道》

成功與失敗

073

閉上眼睛想像成功的樣子，想像得好，就一定能實現，終能獲得成就。

——《生存之道》

成功與失敗

074

「樂觀地構思，悲觀地計畫，樂觀地實行」是成就事物、實現夢想的必要之道。

——《生存之道》

成功的條件就是「堅持夢想」

以上幾句稻盛的名言都表達要重視「思想」。

「人生就是照著人的所思所想而運行，即所謂的『心想事成』——這就是宇宙的法則。」稻盛的人生哲學，正是以這個思想為根基。

如果你希望人生好轉、贏得成功，就要熱切且具體地想像欲成就事物。想好了就去實行，如此而已。

075

信用才是經商的精粹

大家都說做生意要累積信用。信賴自己的人越多，賺的錢就越多。

——《經營者人格的14堂課》

學習京都商法

做生意，是以人為對象的行為。一家公司如果沒有信用，就算推出便民的商品，也還是遲早會被淘汰。

稻盛住在京都，京都人做生意有自己的一套邏輯，被稱為「京都商法」——是京都老店代代相傳的商業型態。

舉例來說，京都的醃菜店遠近馳名，其中有一家老鋪一天只賣兩桶醃菜。每天早上，店還沒開，門前就已經大排長龍。但是，不管還有沒有客人在排隊，只要當天的份賣完，店家仍照樣打烊，並向客人說：「明天請早」，請客人隔日再來。他們絕不會為了迎合顧客的需求，增加一天醃製的分量。這是因為如果醃製過量的醃菜，醃菜的味道就會改變。師傅全神貫注、用心醃製一天可以賣完的兩桶醃菜。他必須依氣候、材料等各種條件的變化調整產量。因此，這家老鋪獨有的附加價值便是徹底執行的品質管理。由於師傅必須全神貫注，一天能醃製的分量勢必有限。為了維持傳統口味和堅持高品質，店家必須控管生產量和銷售量。這樣的努力，對那些京都老字號醃菜店而言是稀鬆平常之舉，所以它們才能做出量產製品所無法比擬的獨特風味，也因此受到饕客的喜愛。

現今社會普遍習慣大量生產、大量消費，但對老店來說，唯有控制產量、銷售量以維持高品質，才能守住傳統的招牌。在上網按一下，隔天商品就送到家的網路普及時代，仍是有這種排隊也不見得買得到的店。正因為堅持著顧客信賴的味道和品質，因此與其大量生產，這些老店認為維持品質才不會辜負客戶的信賴——這正是「京都商法」的信念。

岡山的乳酪農家吉田全作也是效法「京都商法」的其中一人。他辭去上班

1968年，京瓷創立九周年紀念典禮。

族工作，無師自通學會製作乳酪。吉田為追求品質，連乳酪的原料——牛奶都自己生產。吉田牧場乳酪的美味全國皆知，但吉田為確保品質，堅持家族經營，從未考慮量產。吉田牧場乳酪的銷售通路只有實體店面、電話訂購或傳真訂購，連網路銷售都沒有。吉田從零開始無師自通研究出品質受大眾肯定的乳酪，一路走來想必困難重重。吉田在其著作《吉田牧場：與牛、大地和乳酪相處的二十五年》

中寫道：「猶豫的時候，我選擇走辛苦的路……繞遠路或許會疲憊不堪，但這條路確實能通往目的地。這就是我的信念。」

「不辭一切辛勞，只為了提供給顧客優質的產品」——這才是真正的經商之道。

成功與失敗

076

成功與失敗都是試煉

對人來說，成功也是一種考驗。

——《成功與失敗的法則》

成功與失敗

077

我對「事業失敗、公司倒閉的人就是人生的失敗者」的說法其實不以為然。

——《稻盛和夫的哲學》

1977年，稻盛（照片右）視察外銷蘇聯的設備。

人生處處是考驗

人往往只看成功，但其實成功與失敗是一體兩面，就像硬幣的正面和反面。更進一步地說，成功與失敗其實都是人生的考驗。

以「考驗」的意義來看，大家或許比較能理解為何失敗是種考驗。但事業失敗，就代表人生失敗嗎？稻盛說，其實不然。這反而是提升自身人格的考驗。人生到底成功或失敗、自己究竟是人生勝利組或失敗組，端賴自己能不能通過這個考驗。或許有人被失敗擊倒，自暴自棄，走上歧途甚至自我了結，但也有人選擇在面對失敗或悲愴時，努力不懈、提升自己的人格——這在歷史上比比皆是。

例如，「奇蹟之人」海倫・凱勒面對失明、失聰、喑啞三種殘疾苦難，理應使她埋怨父母、詛咒命運、對人生絕望。

但是海倫・凱勒並沒有怨懟一切。她不埋怨父母，也不詛咒命運，在人生導師蘇麗文的幫助下，她克服了這些考驗，後來甚至還發揮大愛，幫助比她更不幸的人。人生中這三個殘疾的考驗，使她學到「利他」精神。從上述例子可知，即使身處困境也不畏艱難、能砥礪出高尚節操的人，才能成為真正的勝利者。

另一種事業成功的「人生勝利者」又是如何呢？許多人成功以後就得意忘形，沉溺於名利，好逸惡勞，變得俗不可耐。最後遭人唾棄、鄙視，原本成功的事業也搖搖欲墜，甚至失去社會信用。但也有人以成功為本錢，訂定更遠大的目標，謙虛地繼續努力。成功與失敗其實是一體兩面，在我們短暫的人生中，時時刻刻都在考驗著我們的一舉手一投足。

真正的成功者

人在將死之際，真正的人生勳章是他的人格、品德提升了多少。事業有成、得到博士學位、位居組織高位……這些都沒有什麼價值。

——《稻盛和夫的哲學》

成功與失敗

079

幸運或成功都不是結果，你面對它們的態度會大大改變人生。

——《稻盛和夫的哲學》

成功與失敗

080

在職場上，我們需要的是具備大膽和細心這兩種迥異的性格，並能視情況而運用的人。

——《經營者人格的14堂課》

成功與失敗

081

我認為才能是上天以一定的比例賜給人類世界的資質，以便帶領團隊走向幸福。

——《經營者人格的14堂課》

真正的成功與失敗

描寫日本中世榮華一時的平氏家族盛衰史的《平家物語》，其開頭有一段相當出名的文字：「祇園精舍鐘聲響，訴說世事本無常。娑羅雙樹花之色，盛者轉衰必有理。驕奢之人非長久，唯如春夜一場夢。猛者覆滅終有時，恰似風中塵飛揚。」

祇園精舍是佛陀傳道的地方，而娑羅雙樹則是佛陀入涅槃之地。佛家說世事無常，指世間的一切總在不斷地流動變化，沒有什麼是恆久不變的。《平家物語》以當時普及日本的佛家教誨作為開頭，並道出「驕奢之人非長久」，描寫享盡榮華的平家一族最終還是沒落衰退。書中接著又列舉出中國歷代王朝及無數日本武將，他們皆是極盡榮華，卻不聽忠諫、不思反省、不以天下太平為念，終至滅亡。這證明了即使拼命努力獲得成功，若因此得意忘形、驕奢霸道，最後終將失去一切。有成功經驗的人一定要引以為鑑。

當我們得到人人稱羨的幸運機會或成功時，多半會以為是憑藉自己的努力所得來，因此得意洋洋，認為理應得到更多報酬或更顯赫的成功。在今天這個以錢滾錢、發展過度的資本主義世界，這種沾沾自喜的人越來越多。

這些志得意滿的人，自以為是地追求更高的報酬、地位和名聲，膨脹自己的欲望，而變得越來越傲慢。但仔細想想，真的是只靠他自己的努力就能得到成功嗎？他的成功，或許是因為有人出資支持無名小卒的他；或許是因為有為同一個目標一起奮鬥努力的同事或部下。如果忘記這些人的存在，把一切歸功於自己，在那一刻，他已經輸給「成功」的考驗了。對曾經支持他的人失去應有的謙虛，或不再腳踏實地的努力時，他便失去原有的信用，最後終將走向衰頹和沒落。這才是真正的失敗。

若想獲得真正的成功而不陷入失敗，最重要的是覺悟人生的一切都是考驗，並徹底地磨練人格。

稻盛經常說到「六項精進」（詳細請參閱第五章章末），第二項精進方法是「謙虛而不驕」，指要警惕自己勿因成功而得意忘形或傲慢。成功是考驗，也是修行。

大家普遍認為成功者會有貶低或踩在別人頭上的強勢作風，但其實絕非如此。倒不如說，那種特別「高調」的人，是因為他們不懂成功是一種考驗，常常因眼前的成功就得意自滿、忘記謙虛，因此終將失敗受挫。

真正成功的人，大多內心有著燃燒般的熱情和競爭心，但他們卻很謙虛、低調。由於能戰勝成功的考驗，才是真成功，因此請務必將「謙虛而不驕」這一原則銘記在心。

1980年，稻盛於自己的辦公室。

082

不要陷入私利私欲

無論能力多高，倘若總是屈服於自己、沉溺安逸、不願向前努力，便無法「活用自己與生俱來的才能」。

——《生存之道》

成功與失敗

083

利他的「品德」就是克服困難、召喚成功的強大原動力。

——《生存之道》

成功與失敗

084

失敗的人通常做事都無法持之以恆。一旦事情發展得不順利，他們就會立刻放棄。

——《經營者人格的14堂課》

成功與失敗

085

我常說「相撲要站在土俵正中央」，意思是要立於土俵正中央奮戰，然後以像被逼到土俵邊緣般的心情來思考行動。

——《經營者人格的14堂課》

成功與失敗

086

強烈的熱情可以帶來成功，但若只是為了滿足私利私欲，成功並不會長久。

——《經營者人格的14堂課》

真正的成功：磨練心志

本章介紹了稻盛面對成功與失敗的人生哲學。

對稻盛來說，做人最重要的是必須秉持著堅定不移的信念——即本著「為人的正道」，也就是「品德」的原理原則，不斷地鍛鍊自己。簡單說，就是要磨練心志，培養高尚的情操。這也是本書乃至稻盛人生哲學中的主軸思想。

那種只顧著增加個人財富，或驕傲地搶走一切功勞的人，不是「真正的成功者」，他們遲早會因自視甚高而吃虧。所謂「真正的成功者」，是具有高尚人格與健全心智、「謙虛而不驕」、嚴以律己的人。他們有高尚的人格和健全的心智。

下一章將介紹稻盛對人格以及磨練心志的想法。

第5章

磨練心志

磨練心志

087

藉工作磨練心志

潛心鑽研一件事、為工作努力不懈的人，日復一日的精進自然會打磨他們的靈魂，形成敦厚的人格。

——《生存之道》

人永遠都可以改變

前面幾章介紹了稻盛的人生哲學，其哲學主幹就在於鍛鍊人格、磨練心志，本章將探討其根本為何。稻盛曾說人生的方程式是：「人生、工作的結果＝思維×熱誠×能力」，其中的「思維」其實就是指人格。換句話說，稻盛認為人生和工作的結果都取決於人格。而人格是如何形成的呢？

一般認為，人格是從孩童時代到長大成人之間慢慢形成，一旦定型了，就不會再改變。但是，像佛教就主張人的改變會發生在成人之後。

在佛教界，出家人每日有必須遵守的條規，稱為「律」。我們可以將「律」理解為類似法律的規定。

釋迦牟尼創始的佛教，在今天稱為原始佛教，也就是泰國、斯里蘭卡等地信仰的上座部佛教，其出家的年齡並沒有上限。三十歲也好、六十歲也好，幾歲都可以出家。

但是，較不為人所知的是，出家年齡其實有下限。出家只限於成人之後，也就是二十歲成年以後才可以出家。十幾歲的「沙彌」在佛寺裡見習、打雜，等過了二十歲才能成為正式的僧侶「比丘」，開始修習佛法。

以現代的價值觀，一般人相信越年輕才越能夠改變——或許是因為大家普遍認為，年輕時思想比較有彈性，想做什麼就做什麼。但事實上，我們年幼時可謂處於「被動」狀態——無論是所受的教育或經歷的事物，我們多在遵循他人定下的規則。成年後，才開始對人生產生疑問，興起「改變自己」的念頭。這也是出家的本意：為了改變自己。若不能認清自己需要改變，就什麼也改變不了。

成年以後，我們會遇到年幼時不曾經歷的事，諸如成功、失敗、幸運、不

1960年代京瓷的朝會（台上是稻盛）。

幸等等。到公司上班，又會認識過去不曾相處過的人。這時才是重新磨練自己的機會。

大部分的人從成年到退休（自由職業者則是引退），應該是每天都沉浸在工作裡，而一天至少有三分之一的時間待在公司。既然我們大半輩子都在工作中度過，勞動就不只是單純地為了養家活口，更與我們的人格養成息息相關。

人生是一輩子的學習。

088

追求完美

要做就做最精美的，像是會割傷手那樣。

——《生存之道》

優良的產品外觀也要精美

關於開發產品，稻盛經常對員工說：「要做就做最精美的，像是會割傷手那樣。」

究竟，何謂最精美的產品？

「像是會割傷手那樣」這句話，原本是稻盛的雙親——父親畩市從事印刷業，而母親阿君總是樂觀面對逆境、時而大膽想像——經常掛在嘴上的話，形容當我們看見一個精美的東西時，不敢伸手觸摸的那種憧憬和敬畏。

這是發生在京瓷研發新型半導體封裝（它以精密陶瓷製作，有連接電源功能並同時保護電子機器中的半導體晶片）時的事。由於該產品需要高度技術，研發部門耗費大量時間和心血才終於完成樣品，交到稻盛手上。

研發部門的主管滿心以為辛苦總算有了代價，不料稻盛只看一眼，便知道這不是他心目中理想的產品，因為「髒髒的」。陶瓷製的半導體封裝的製作過程，是將精密陶瓷的原料放在氮氫混和的氣體中燒製，只要沾到一點油脂，就會在燒製過程中碳化，留下灰色的痕跡。就是這一點點痕跡，讓稻盛感覺「髒髒的」。

「撇開性能不說，顏色這樣黯沉就不及格。」稻盛狠心對研發部門的主管這麼說，要求他重做。

主管也不肯讓步，他認為這可是自己和部下每天努力不懈、嘔心瀝血才完成的樣品，不能這麼簡單就被打回票。他堅持產品的性能已經達到標準，不該因顏色就否定一切。

但稻盛不能接受這種說法，他認為一件具備了高性能的產品，外觀也應當精美，若外觀有瑕疵就不是一件完美的產品。他又告訴主管：

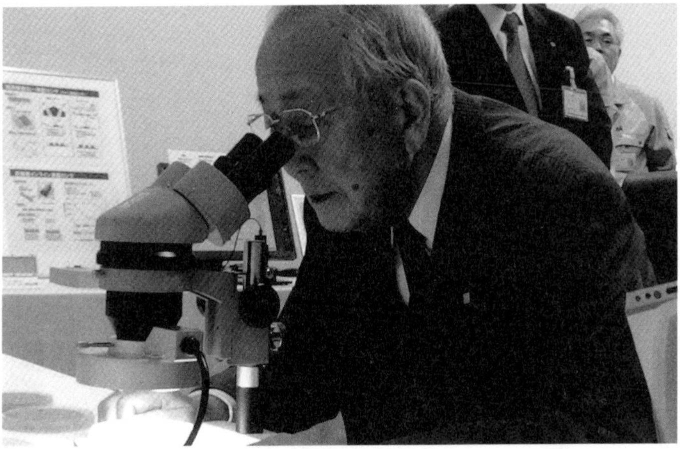
稻盛從年輕時期就勤於仔細觀察產品，不曾懈怠。

「陶瓷原本就應該是純白色。外觀必須做到讓人擔心摸了會割傷手那樣精緻才行。假使外觀能做到那樣的地步，性能也一定是最高等級。」

「像是會割傷手」這句話完全傳達了稻盛的完美主義，及他在工作上不允許妥協的態度。

「為了理想絕不放棄，只能努力再努力，直到理想實現。」這句話完全體現了稻盛的精神。

京瓷在稻盛完美主義的經營下

成長壯大，成為大企業。可見無論多麼細微的小事，都要堅持完美，才能在最後得到莫大的成功。

089

作夢的力量

我希望我們無論到幾歲，都還是能繼續談論夢想，描繪光明的未來。因為心中沒有夢想的人，既無法帶來創造也不會成功，為人也沒有長進。

——《生存之道》

在福井東尋坊稍事休憩的稻盛。

將偶然變成必然

上一節介紹了稻盛的完美主義——他要求產品必須「像是會割傷手般的精美」，這也說明了人正是藉著追求理想或夢想來成長。

然而，理想和夢想並不是天馬行空式的空想，如同本書一直在強調的，我們必須徹底思考，直到可以具體想像、在腦海裡看見目標為止。如此方能追逐理想，朝著實現夢想的方向前進。

很多人認為，科學發現或藝術創作多是因「偶然」而產生。比如，他們認為許多天才物理學家所留下的研究成果（甚至很多是歷史性的發現），其靈感來自於日常生活中不經意的偶然。這種偶然在歐美稱為 serendipity（這個字更曾流行一時），日本精神科醫師中井久夫則稱此為「徵候感知」。

但是稻盛說，創意或靈感的湧現絕非偶然。

例如，牛頓看見蘋果從樹上掉落，便馬上提出疑問：「為什麼蘋果會掉落而月亮不會？」最後他發現了萬有引力。牛頓並不是第一個看見蘋果從樹上掉落的人，知道月亮不會從空中掉下來的人肯定也很多。然而，牛頓卻因這兩個現象的矛盾，發現了萬有引力。稻盛說這是因為每個人平日對問題的意識程度不同，牛頓平常就思索著宇宙與天體的問題，這些問題甚至滲透到他的潛意識裡。唯有平日勤於鍛鍊的人，才有機會遇見那種「偶然」，或蒙受「神的啟示」。

這說明了絕不是因偶然而「意外發現」，而是由於平日勤於鍛鍊，因此機會必然來臨。所謂「追求夢想或理想」，便是指平日為實現目標所做的行動和努力。這也正是將偶然變成必然的力量。

磨練心志

090

為員工設想的公司

京瓷的經營理念是：「追求全體員工物質與心靈的幸福，同時對人類、社會的進步發展有所貢獻。」

——《生存之道》

磨練心志

091

優先為他人設想。必要時寧可犧牲自己，成就他人。

——《生存之道》

磨練心志

092

時時刻刻帶著傾聽別人意見的大耳朵和審視自己的真摯雙眼。

——《生存之道》

磨練心志

093

人生如戲，我們每一個人都是自己人生的主角。

——《生存之道》

追求物質與心靈的幸福

稻盛於一九五九年創立京瓷時，目的是「為了向世人展示自己的精密陶瓷技術」。一起為創業盡心盡力的同志們也都贊成這個目的，他們大方地表示：「我們是為了讓稻盛和夫的精密陶瓷技術問世而聚在一起。就算不順利，我們靠打工也要湊到研究費。」然而，對那些在公司成立後才雇用的員工來說，他們與那群創業夥伴的情況不同。後期才加入的員工是為了自己的生活而就業，公司最初設立的目的（為了使稻盛技術問世的利己考量）並不是他們的就業動機。因此，公司必須重新確立一個讓全體員工都心悅誠服的共同目標。換句話說，為了使全體員工有更強烈的投入動機，必須提出一個專屬於京瓷的企業理念，能聚集所有人的力量至同一方向，使大家團結一心。

首先，稻盛提出的京瓷經營理念是「追求全體員工物質與心靈的幸福」。這說明企業將「保護員工」視為第一要務。相較於最初稻盛是為了使私人技術問世才成立公司，這對稻盛來說也是很大的轉變。

然而，有所謂物心兩面，僅僅物質充足並不是完整的幸福，這也反映了稻盛的哲學。雖然今日的現代文明，是近代化之後建立的高度物質文明，然而，若只追求物質滿足，很可能會讓人走入無止盡的欲望世界。因此，如今世人也大聲疾呼重視環境生態破壞日益嚴重，及伴隨而來的極端氣候等問題。真正的幸福，不只是物質面的幸福，精神面也應該富足。物心兩面都得到滿足、追求物心如一才是人類真正的幸福。

這樣的態度，揭櫫在企業理念的後半段話：「同時對人類、社會的進步發展有所貢獻。」稻盛之所以在一九八五年設立京都賞，表揚在尖端科技、基礎科學，以及思想與藝術等領域發展有所貢獻的人，也是反映了上述理念。如果只是要讚頌物質文明，京都賞的獎項有尖端科技和基礎科學領域便已足夠，但稻盛還設置了思想與藝術領域，說明稻盛不僅關心物質方面的進步，也同樣重視精神層面的發展，而這正是物心如一的思維。

現代科技日新月異，超越人類的人工智慧眼看就要誕生。相較於科技進展的快速，人們的精神層面是否也同樣有所深化呢？

有感於物質文明日益膨脹的威脅，製作《風之谷》、《魔法公主》等長篇動畫電影的導演宮崎駿，對於今日人們過度依賴人工智能等科技的風潮，在接受電視台採訪時表示：「人類正在喪失自信。」

科技的進展確實改變了我們的生活，也的確增加了我們的物質幸福。但倘若為了滿足無限的物質欲望，造成今日的全球危機，我們更應該嚴格控管人性與精神等心靈層面的需求。不只滿足物質幸福，也要追求人性、精神等性靈層面的幸福。唯有兩者均衡發展，社會才可能永續繁榮。

京都賞頒獎典禮。每年11月10日，在秋意似錦的京都頒發京都賞。

磨練心志

094

用閱讀耕耘心靈

希望大家多閱讀來提升自我。

——《經營者人格的14堂課》

閱讀可以形塑精神的骨骼

稻盛經常在著作中引用中國的文獻古籍來闡述自己的思想。日本人曾經有大量閱讀的習慣，在東洋哲學中，尤其尊崇中國古籍。但近來出版事業每況愈下，文部科學省也有調查報告指出，日本國民的單日閱讀量正大幅縮減。越是年輕世代，越趨於閱讀網路上經簡化的報導。那些購買、閱畢一本書的人可能已經非常稀少。

稻盛主張應該要認真閱讀好書來提升自己的觀念。

工作繁忙的稻盛非常珍惜時間，總是趁著工作之間的空檔讀一點書。無論多晚，應酬酒宴結束後，回到家他一定會抽一點時間讀書。稻盛的床頭有許多哲學書與中國古籍，睡前閱讀就是他的日課。

許多人都推說沒有時間讀書，但其實只要規劃好每天的時間，還是能騰出一點時間來閱讀。即便只有零碎的時間可以閱讀，但仍能從中體驗心靈的震撼。

事實上，我們可以從閱讀獲得許多有別於日常生活的知識。例如從閱讀感受從未去過的國家的風貌，從閱讀獲得本來不知道的受用話語，從歷史書知道兩千年前的人類史——我們可從中學到各種啟示。此外，在生活中持續「磨練心志」的我們，也能藉由閱讀更清楚磨練之道，同時梳理自己的實踐心得。

閱讀是一種文化行為。文化的英文是 culture，此字源自拉丁文 colere，原本是耕耘土地的意思，後來便衍生出「耕耘心靈」之意。

英國思想家詹姆斯・艾倫（James Allen）將人的心靈比喻成花園。然而，你可以選擇放任花園雜草叢生，也可以用心經營，讓它開滿美麗的花。如果文化正如它的語源是「耕耘心靈」之意，那麼閱讀就是經營心靈的良方。

京瓷的社訓「敬天愛人」是稻盛的中心思想。

一個人能實際感知的事物有其局限性，但我們能藉由閱讀進入一座知識寶庫，從中學習古今中外不同人物的生活方式，吸收他們的人生經驗，內化成自己的生命體驗。

日本第二位諾貝爾文學獎得主大江健三郎曾在其自費出版的詩集中寫道：「我不能重新再活一次，可是我們卻可以重新再活一次。」意指「我」不能夠「再活一次」，也就是自己無法改變人生。但是當有他人存在、變成「我們」時，就可以重新再活一次，也就能改變自我。大家都知道大江喜愛閱讀的程度無人能比，他正是藉著閱讀認識他人，同時改正自己。因為大江勤於耕耘自己的心，所以他才能一直創作下去。

我們可以藉由閱讀反省自我，與過去的偉人一起展開不一樣的人生。

磨練心志

095

感動的心

正因為喚起對方的感動之情，才能使對方由衷理解並接受。

——《經營者人格的14堂課》

於西京極體育場，為足球隊京都不死鳥熱烈加油的稻盛。

深受感動才能孕育好工作

為了磨練心志，必須得自我精進。雖然本章說明了努力不懈的重要性，但話說回來，在公司上班的人，也沒有辦法像修行僧一般，不斷重複困難的苦修。只是一味地吃苦，任誰都無法做得長久。因此，「努力工作、完成任務、感受對工作的喜悅」——這種作為原動力的感動體驗是不可或缺的。僅僅是「想發財、住豪宅」等單純的物質理由，不可能成為一個人奮發的動力。

比方說，日本頗具代表性的藝術家岡本太郎最初被日本畫壇嫌棄是色盲，度過一段懷才不遇的歲月。他運用強烈的原色、表現抽象藝術的清晰線條，在當時被稱為現代美術後進國的日本，始終得不到肯定。

但是岡本太郎沒有放棄。他完全不理會那些負面的批評，一直努力創作。

而他的創作動力源自於其參加抽象藝術運動時所湧現的感動。他在旅居巴黎時，曾深受二十世紀的近代藝術巨匠畢卡索的畫作所震撼。更因為太過感動，在離開展覽會場後的回家公車上，他竟忍不住淚流滿面。那種前所未有的心靈衝擊，使他下定決心，「我要超越畢卡索」。

之後，無論受到何種誹謗重傷，他仍秉持著要超越畢卡索的信念，不停地創作。在當時，理解畢卡索的真正價值，甚至想要超越他的日本藝術家，只有岡本太郎一人。其實，前所未有的感動來自於深刻的理解，在此同時，能感受到如此深切感動的人，也一定能夠再將這份感動傳遞給他人。

如此看來，所謂感動，不只是內心一股難以言喻的充實感，它還能成為激勵自己向上的原動力。莫大的感動能使人的心靈更加深化，而且不會只影響一人，更會擴及他人。岡本太郎的畢卡索經驗，讓我們對此有更深刻的體會。

096

「我可以」的自信

連沒做過的事都有自信「辦得到」時，才能將其轉變為一項「看得到」的事。

——《經營者人格的14堂課》

想像直到「看見」

稻盛主導規劃的通訊事業（創立ＤＤＩ），光是初期投資金額就高達一千億圓，周遭的人都認為這個事業風險太高。實際上，董事會也有人主張要慎重以對。

然而，由於當時日本由電電公社獨占通訊市場，稻盛擔心日本國民得被迫接受高額的通訊費用，因此決定投入通訊產業。當時京瓷約有一千五百億圓的準備金，稻盛心想，就算新事業失敗也還有五百億圓，因而決定加入。這是他每天百般思索，檢討自己是否有一點私心，一再反省之後才做出的決定。

他向通商產業省提出申請，計畫是遠距通訊事業上軌道後，再開始進行行動通信事業。行動通信就是現在的行動電話。現在行動電話相當普及，幾乎人手一機，但在當時從系統、使用方法到資費等，既無前例可循，也沒有經營方法，完全要靠自己摸索。

但稻盛沒有猶豫，在什麼都還不確定的時期，他便提出與現行的資費結構相似的條件，表示：「我希望資費結構是這樣！」

稻盛已經看見未來。如先前所述，這時的他已經知道未來將是「隨時、隨地、任何人」都會人手一機的時代。無論男女老幼，每個人都會擁有電話號碼的時代即將到來。這不是天馬行空，他甚至清楚「預見」這一切將會多快、多普及。此外，關於手機的價格和尺寸也都已經在他的想像中。

這全都是因為京瓷跨足半導體零件事業，所以稻盛對於技術革新的速度及成本變遷有足夠的敏銳度，才能夠做出預測。不僅如此，他連資費結構都已經清楚地「看見了」。

一名幹部將稻盛說的資費結構記下來，在行動電話事業起步後，發現實際

在京瓷工廠交流會上勉勵員工的稻盛。

的資費結構與筆記的內容幾乎一樣。

這名幹部非常驚訝，「為什麼能預知得這麼清楚？成本都還沒算出來，就已經說得那麼精確。」

稻盛參與通訊事業的初衷是「希望日本國民不用負擔高額電話費」。為實現這個心願，他必須深思熟慮，鉅細靡遺地想像實現過程。只要能做到這個地步，事情就一定能順利進行。

稻盛在一次演講中如此說道：

「只要心存善念，盡力而為，終能心想事成。」

對自己提問「是否動機良善」，若答案是肯定的，再仔細想像目標實現的模樣，直到結果「彷彿就在眼前」。這是成就事業非常重要的關鍵。

097

公正無私的精神

「公正無私」是激勵人心的唯一原動力。

——《經營者人格的14堂課》

磨練心志

098

如果日本人還不能感受豐饒，唯一的可能是由於精神匱乏。

——《成功與失敗的法則》

利他與事業

在與iPS細胞開發者，諾貝爾獎、京都賞得主山中伸彌的對談中，稻盛這麼說：

「京瓷草創於滋賀縣的工廠，近江商人向來有所謂『三好』原理：『賣得好，買得好，大家都好。』我認為做生意的神髓，就是像這樣取得三方面的平衡。」

一九九〇年，京瓷併購美國電子零件公司AVX。在對方股價約一股二十美元左右時，稻盛提出追加五成的三十美元，對方也爽快接受。但到了最後即將定案的階段，對方又要求「提高股票的收購價格」。

京瓷的律師以及董事們都強烈反對，但稻盛主張「對方若不能欣然接受，這件事就沒有意義」，最後終於說服了律師和董事，成功簽下合約。

表面上看起來，京瓷好像吃了大虧，但事實卻非如此。AVX公司總部位於南卡羅萊納州，是美國國內作風較保守的州，第二次世界大戰後，便對日本不是很友善。現在這個地區的一家美國企業變成了京瓷的子公司。

併購後，稻盛到美國AVX訪問，當地員工準備了歡迎布條，全體出動迎接稻盛蒞臨。原來是AVX的經營團隊向員工說明「京瓷是一個厚道的公司」。如此建立友好關係，公司的業績蒸蒸日上，終於在紐約證券交易所重新上市。

國情不同，語言和習慣也不同，工作上一定會有很多意見相左的情況。因此，經營海外事業，必須慎重思考如何「治人」。

說到治人，我們多半想到的是高壓權威式的統治。歷史上常見以高壓迫使其他民族臣服的例子。但稻盛堅決反對以權力統治，他認為必須以人性（品德）為本來管理，藉此贏得對方的信賴與尊敬。

如何才能使語言和文化都不同的外國人信任與尊敬自己呢？稻盛說，「高尚的人格」是絕對必要的。一個人若能超越語言和生活習慣的隔閡，贏得外國人的尊敬，就證明其人格卓越——因為他已經具備做人的基本品德。

人的品德可以超越國界，不受文化與語言差異的影響。品德是所有人都可以理解、萬國共通的價值。舉例來說，若不能以「公正無私」這樣普遍通用的品德來管理公司，恐怕便無法在國外經營企業。

在二十一世紀的今天，全球化經營已是趨勢，日本企業今後能否繼續拓展，將取決於日本總公司是否贏得海外公司的全體員工的信賴與尊敬。就像一個人有人格，公司也應該有「社格」，而且必須擁有超越人種、語言、歷史、文化的隔閡，能打動全世界的高尚品德。

在鹿兒島市，敬愛的西鄉隆盛銅像前。攝影：菅野勝男

磨練心志

099

自由也可能成惡

人會因自由而不知不覺危害他人。

——《稻盛和夫的哲學》

結束托缽，向布施者道謝的稻盛。攝影：菅野勝男

煩惱與自由

為什麼我們必須刻意意識著利他呢？有人說，因為人性本惡，所以必須時時帶著善念，即所謂的「性惡說」。自古以來，性善說與性惡說的議論不斷，但稻盛認為「人的本性非善也非惡」。

佛家說，帶著肉身出世的人有六大煩惱，分別是：貪、嗔、痴、慢、疑、不正見。「貪」是指貪欲，即任何東西都想占為己有的欲望；「嗔」就是恣意妄為、四處樹敵，看誰都不順眼；「痴」是怨天尤人、忿忿不平；「慢」是桀敖不馴；「疑」則是懷疑釋迦牟尼闡述的真理；「不正見」又稱邪見，表示凡事都只看見壞的一面。人活在世上，若沒有這六大煩惱，就無法保住自己的肉體。因為煩惱是人為了保住肉體，自然而然產生的「智慧」。除此之外，稻盛又補充了一項「自由」所導致的「惡」。

近年來，教育講求「尊重孩子的自主性」。但是，在人格尚未成熟穩定的幼兒園時期，尊重孩子的自主性等於放任他，最後只會教出自私、自利又任性的小孩。這樣的教育模式，將養育出長大也無法克制自己欲望的青少年，實在令人憂心。

光是有欲望（煩惱），不足以解釋人類行為為何有善惡之別，但若加上自由，欲望（煩惱）就能變成惡了。因此，我們必須學會克制自己的欲望（煩惱）。

磨練心志

100

勤勉磨練心志，成就更完美人格

大家會願意一起勤勉工作，是因為工作可以成就心靈與更完美的人格。

——《稻盛和夫的哲學》

磨練心志

101

僅有粗淺的知識，其實相當於一無所知。要深入探究一件事，才能通曉一切。

——《經營者人格的14堂課》

一心一意地追求一件事

日本人以勤勉形象聞名於世。

聯合國軍總司令麥克阿瑟曾經在遠東政策的會議上，論及日本人的勞動觀。他提到日本人有所謂「勞動的尊嚴」，認為玩樂遠不如工作來得幸福。

不過，正是因為日本人的勤勉美德，才能成功做到戰後復興、高度經濟成長、使日本再度成為能與世界各國競爭的經濟大國。過去的日本人並不追求「將勞動作為獲取報酬的手段」的唯物主義，而是將勞動視為磨練人格和心靈的修練。例如，曾帶領日本經濟高度成長、主張日本列島改造的優秀政治家田中角榮，他母親曾對欲從故鄉新潟出發前往東京的青年田中說，「人一定要休息。但如果不知道應該先休息再工作，還是先工作再休息時，記得要先工作再休息。」這段話成了田中角榮一生奉行的金科玉律，而它也完全體現當時日本人的勤勉觀。

勤勉就是指專心一意地做好一件事。常有剛進公司的年輕員工，因為每天做同樣枯燥的工作，便開始不安「只是一直做同一件工作」，於是要求「做其他工作」。但是，什麼都湊一腳就不是勤勉了。

這與「若只有粗淺的知識，將學不到任何東西」是一樣的道理。要徹底完成一件工作，才能掌握其中的真理，並能引以為榮。

稻盛剛出社會時，與高中學歷的年輕助手一起從早到晚做著將粉末凝固定型的工作。雖然名目是研究開發陶瓷，但實際上就是每天跟粉末奮戰，弄得滿身是粉塵或泥漿的肉體勞動。沒想到大學畢業竟然要做這種「髒兮兮的工作」，他覺得非常失望。但是，一直討厭這個「髒兮兮的工作」也不能改變什麼，且自己消極的態度也會影響助手的情緒。

他對自己和助手這麼說：

「哪個大學教授做研究會弄得這樣滿身是粉？我們現在做的可是東大、京大都辦不到的高難度研究！不實際操作，怎麼知道陶瓷的本質？這麼踏實地研究才是真正的學問，一定要這樣才能製造出優秀的產品。」

如果太在乎眼前的辛苦，就會忽略值得自豪的事。但是，若是無論工作多麼辛苦，都能了解自己工作的意義，投注熱情直到完成任務，這個體驗就會成為人生的資產，讓自己更有自信。這應該是人生中最美好的經驗。

如果你對工作或所處的環境不太滿意，想要換工作或環境，應該先捫心自問是否有心無旁騖、努力做好現在的工作。我們必須謹記在心的是，那些不能將一件事做得盡善盡美的人，他們的人生報酬也不會充實豐裕。

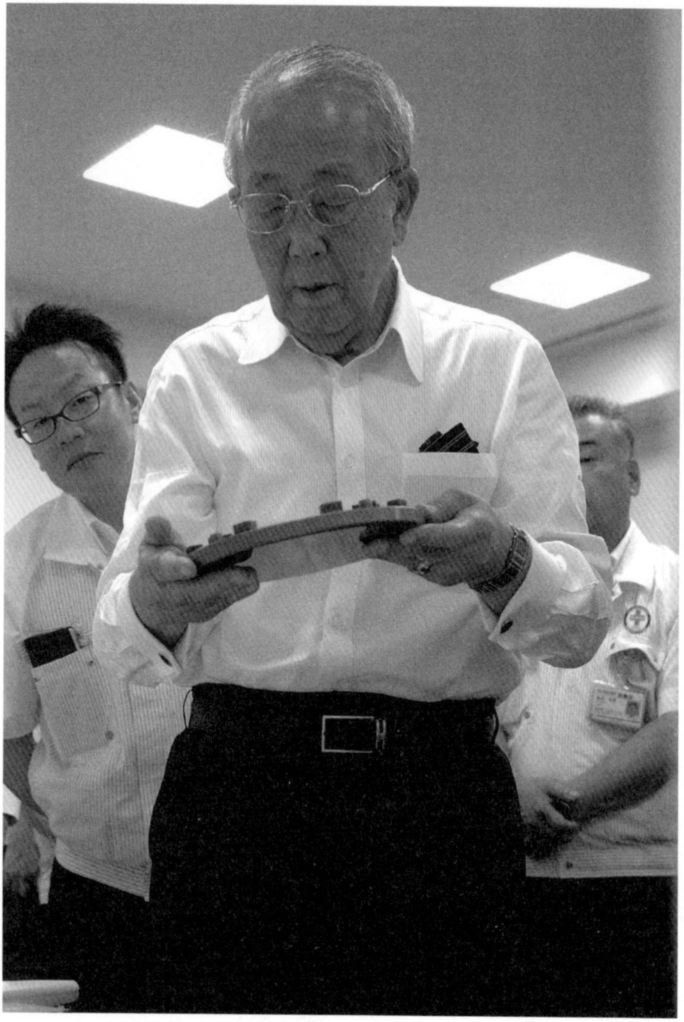

視察工廠，仔細確認產品的稻盛。

磨練心志

102

專注完美的工作精神

我們必須將追求盡善盡美，當成每天的習慣。

——《經營者人格的14堂課》

不是最好，而是完美

稻盛對工作秉持著完美主義。原因在於，相較於行政人員通常只求九成好（因為寫錯就用橡皮擦擦掉即可），在製造開發產品上，可不容許一丁點失誤。比如，精密陶瓷是將粉末狀的金屬氧化物原料混合後放入模型，在沖壓、成型後放入高溫爐中燒製。之後還要研磨，表面做金屬加工。從原料到成品，每一個步驟都要求非常精密的技術。

就算順利進行了九九%，若最後的一%不幸失敗，仍是功虧一簣。因為最後一%的鬆懈，使產品變成不良品，那麼先前砸下的材料費、加工費、電費等開銷，及投注的時間和努力，都將付諸流水。不僅公司內部，連客戶端也都會遭受影響。

必須徹底執行眼前的工作，堅持到最後。

京瓷創業約二十年時，某個跨國企業的董事長到日本來拜訪稻盛。雖是不同產業，但這位法國籍董事長非常希望能與稻盛暢談經營哲學。兩人一見如故，相談甚歡。雙方日後又在美國相會，暢談經營理念。

當時法國籍董事長說道：「我們公司的理念是盡力做到最好。」稻盛一方面表示贊同，也補充自己的看法：「『最好』這個詞表示必須與其他事物比較，因此它是相對的價值觀，所以低標準當中也有最好的。我們京瓷的目標不是求『最好』，而是求『完美』。完美有別於最好，前者是絕對的價值觀。完美代表不與其他事物比較，因為它本身就是終極的價值——世界上沒有任何東西能超越完美。」

稻盛以完美主義為理想，並且付諸實踐，而他的實踐原則便是：不要「比較好的」，而是要「沒有其他更好的」。

談笑風生的稻盛。攝影：小畑章

為了臻至完美，必須從最初到最後、時時刻刻繃緊神經，專注於一切細節，追求「有意識地注意」的精神。工作上要隨時「有意識地注意」其實非常困難，但若平時就有留意，凡事積極學習，就能漸漸養成「有意識地注意」的習慣。

當然，工作上很難事事完美，再怎麼小心，仍可能會發生人為疏失。但絕不能因此放棄追求完美主義。

第五章所介紹的稻盛哲學告訴

我們累積努力的重要性。沒有人一開始就完美，希望大家能夠牢記本書所摘錄的名言，重視每天的努力。最後，我們再介紹「六項精進」。

103

六項精進

無人能比的努力。

——《六項精進》

磨練心志

104

謙虛而不驕。

——《六項精進》

磨練心志

105

每日反省。

——《六項精進》

磨練心志

106

感謝生命。

——《六項精進》

磨練心志

107

累積善行與利他行為。

——《六項精進》

磨練心志

108

不為情緒性的煩惱所困。

——《六項精進》

美好人生的六項教誨

稻盛常說人生以磨練心志（靈魂）為終極目的。為了磨練心志，他建議要每日實踐「六項精進」——這也是我們追求美好人生所需的最低條件。

在本書結尾，我們將一一解說稻盛提倡的這「六項精進」。

首先，第一項精進方法是「無人能比的努力」。它之所以位列「六項精進」之首，是因為這是人生最重要的事。無論是想擁有美好人生或成功經營企業，都必須付諸無人能比的努力，拼命工作。不努力，人生就不可能成功。

第二項精進方法是「謙虛而不驕」。不只是那些因成功而傲慢的人要謙虛，即便是小企業的經營者，也要終其一生保持謙虛的態度。中國古籍《了凡四訓》中有一句「唯謙受福」，值得我們深思。

第三項精進方法是「每日反省」。所謂的「反省」，指我們藉由抑制惡念與利己私心，讓內心的良善部分萌芽。因此，若注意到自身言行有需改進之處，就要立刻修正——唯有這樣每日反省自己，才能真正鍛鍊人格，琢磨心志。

第四項精進方法是「感謝生命」。我們都明白，人絕對無法獨自生存於世。在所有的動物中，只有人類必須花這麼長的時間養育。我們從小在雙親、兄弟姊妹、朋友的幫助下成長，長大後出社會，也繼續接受職場上司、部下等各種人的支持。可以說地球上的一切生靈都維繫著我們的生命。尤其只要想到自己能健康地活著，便不禁要感謝蒼生萬物。當我們能為幸福而感恩時，才能真正擁有豐富且美好的人生。

第五項精進方法是「累積善行與利他行為」。若可以感謝自己能活著，自然能以親切善良之心對待他人——即所謂的「利他行為」，這是很重要的人生價值。《易經》中寫道：「積善之家，必有餘慶。」指累積善行與利他行為的家庭一定能得到善報。因為善是會循環的，你曾經種下的善，總有一天會回到自己身上。

最後，第六項精進方法是「不為情緒性的煩惱所困」。人們難免因工作失敗而煩惱憂愁，更有許多日本人為此長期憂慮而罹患心病。但俗話說「覆水難收」，發生過的事已無法挽回。與其終日悔恨，更重要的是應該思考失敗的原因，決心不再重蹈覆轍，邁向新的生活。

若能每日貫徹這六項教誨，相信你一定能迎來美好的人生。

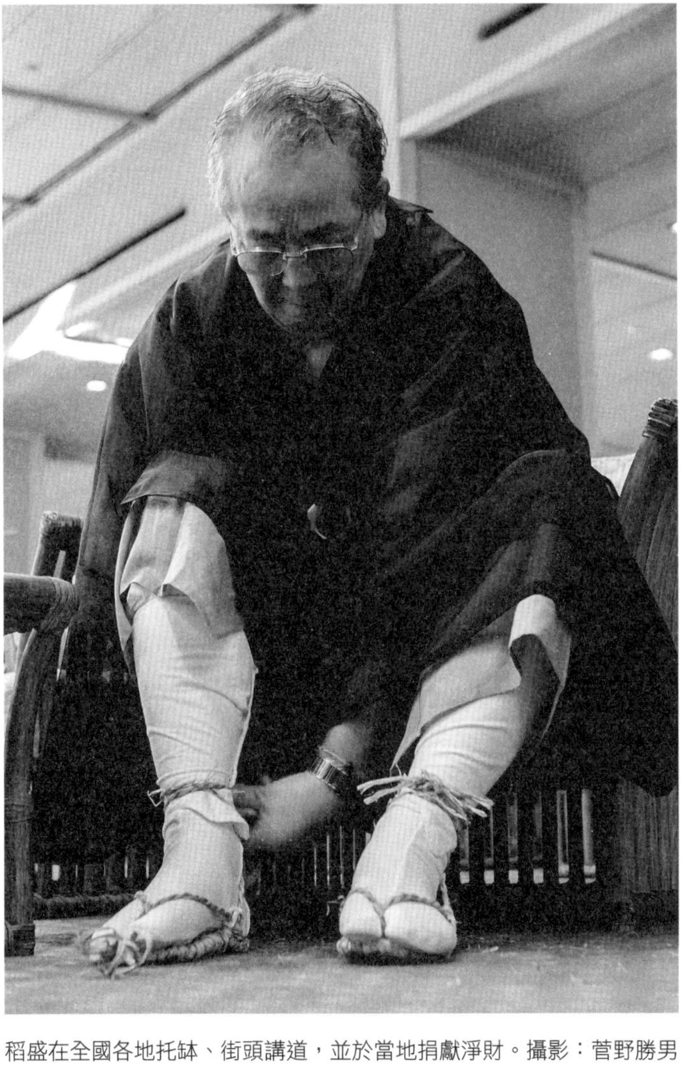

稻盛在全國各地托缽、街頭講道，並於當地捐獻淨財。攝影：菅野勝男

人生的真義：日本經營之聖稻盛和夫魂動 108
稲盛和夫　魂の言葉 108

口　　述　稻盛和夫
構　　成　稻盛資料館
譯　　者　蔡昭儀
主　　編　呂佳昀

總 編 輯　李映慧
執 行 長　陳旭華（steve@bookrep.com.tw）

出　　版　大牌出版 / 遠足文化事業股份有限公司
發　　行　遠足文化事業股份有限公司（讀書共和國出版集團）
地　　址　23141 新北市新店區民權路 108-2 號 9 樓
電　　話　+886- 2- 2218-1417
郵撥帳號　19504465 遠足文化事業股份有限公司

封面設計　許晉維
排　　版　新鑫電腦排版工作室
印　　製　博創印藝文化事業有限公司
法律顧問　華洋法律事務所　蘇文生律師

定　　價　420 元
初　　版　2019 年 8 月
二　　版　2024 年 8 月

有著作權　侵害必究（缺頁或破損請寄回更換）
本書僅代表作者言論，不代表本公司／出版集團之立場與意見

INAMORI KAZUO TAMASHII NO KOTOBA 108
KAZUO INAMORI
Copyright © 2018 KYOCERA Corporation
Original Japanese edition published by Takarajimasha, Inc.
Traditional Chinese translation rights arranged with Takarajimasha, Inc.
Through AMANN CO., LTD.
Traditional Chinese translation rights © 2024 by Streamer Publishing,
a Division of Walkers Cultural Co., Ltd.

電子書 E-ISBN
9786267491430（EPUB）
9786267491423（PDF）

國家圖書館出版品預行編目資料

人生的真義：日本經營之聖稻盛和夫魂動 108 / 稻盛和夫口述 ;
蔡昭儀 譯 . -- 二版 . -- 新北市 : 大牌出版 , 遠足文化發行 , 2024.08
320 面 ; 14×20 公分

ISBN 978-626-7491-47-8 (平裝)

1. CST: 人生哲學

191.9　　　113009719